クリエイティブ・パートナー発見マガジン

本書は、広告やパンフレット、WEBサイトなどの
制作を手伝うパートナーをお探しの方に向けてつくられた
「クリエイティブ・パートナー発見マガジン」です。

制作会社・プロダクションをどう選べばいいのか、

デザイナーやコピーライター、ディレクターとどのように

付き合えばいいのか、日数は？　予算は？

そんな素朴な疑問をお持ちの方もいるのではないでしょうか。

プロダクションやクリエイターとの出会いは、

ブランドビルディングや事業の成長を後押しするきっかけにも

なり得ます。商品開発やリクルーティング、社内活性化などに

有益なアドバイスをもらえることもあるでしょう。

そんな会社やクリエイターにどう巡り合うことができるか。

まずはコンタクトしてみるしかありません。

本書が次なるステップを踏み出す一助になれば幸いです。

Contents

広告制作プロダクションガイド 2023
Creator

003 ［特集］
消費者インサイトの発掘と クリエイティブ・ディレクション

消費者インサイトの発掘術①
BtoBソリューション開発で実行した、現場の声を徹底的に吸い上げる方法 ········· **004**
山形 正信・石川 奈央美（リコー）

消費者インサイトの発掘術②
デザイナー×エスノグラフィ視点を取り込み、
生活者の当たり前に潜む「不便」を見つける技 ················ **008**
山本 茂貴（デザインエスノグラフィ代表取締役）

クリエイティブ・ディレクションのスペシャリストに聞く
ADプランナー・ディレクターの力の発揮に
広告主は汗をかきましょう！ ················ **012**
名久井 貴詞（OfficeNacky CreativeDirector/Packagedesigner/Creative 調査 analysis）

広告制作会社プロダクションガイドの見方 ················ **016**

017 ## 広告制作プロダクションガイド

気鋭のクリエイターの作品＆連絡先
102 ## Creators' index

112 OAC 活動報告

116 OAC 会員・賛助会員リスト

ブレーン×OAC

消費者インサイトの発掘とクリエイティブ・ディレクション

広告や制作物、WEBサイトなどの表現を検討する際に
ターゲットとなる消費者の洞察（インサイト）は欠かせません。
消費者を知ることはマーケターやプランナーの専売特許ではなく、
制作担当者にとっても必要といえるでしょう。

インサイト発掘についてキーワードとなるのは、やはり「現場」。
ターゲット層を知るためにヒアリングを重ねたり、
消費者行動の入念な観察から発見を得たりと、さまざまな
アプローチがあります。

本特集では併せて、マーケティング担当者から見た
クリエイティブ・ディレクションのポイントについて解説します。
撮影や編集の現場で、クリエイターに囲まれて気後れしている……
そんな担当者にポイントと具体的な行動について紹介します。

Opinion

消費者インサイトの発掘術①

BtoBソリューション開発で実行した、現場の声を徹底的に吸い上げる方法

文／山形正信
（リコー
　デジタルサービスビジネスユニット
　デジタルサービス開発本部
　IoTソリューション開発センター
　第三開発室　開発三グループ
　リーダー）

石川奈央美
（リコー
　デジタルサービスビジネスユニット
　デジタルサービス開発本部
　IoTソリューション開発センター
　IoTソリューション推進室
　先行マーケティング推進グループ）

注）肩書きは取材当時のもの

顧客の声を聞いて磨き上げた新規開発事業

今回、私たちが開発した『RICOH eWhiteboard 4200（大型電子ペーパー）』は、建設業や製造業の現場、医療現場などの業務をデジタル化するためのソリューションです。開発から事業化、発売後に至るまで、お客さまからのフィードバックを基に商品を磨き上げていきました。今回はその取り組みを軸に、お話ししていきたいと思います。

最も重要なのは、その商品を使っていただきたい現場の方々の声を聞くことでした。

ヒアリングシートとシナリオは、常にアップデートを繰り返す

当社のメイン事業である複合機やプリンターを導入していただく際のお客さまの窓口は、総務やIT部門が中心です。今回私たちが提供しようとしているのは、建設や製造、医療など現場で作業をする人向けのサービスであり、既存のルートではそのような現場の方々になかなかリーチすることができませんでした。そこで私たちは各業界の展示会などに参加して、現場の方との接点をつくり、徹底的に利用者の生の声を聞くことを重視しました。

また、特に今回のような新しいデバイスを起点としたサービスの場合、実機サンプルなどが何もない手ぶらの状態でお客さま訪問をし、「こんなソリューションを考えていますが価値がありますか？」と聞いてもなかなか興味をもっていただくことができなかった、というのが実態です。このため、最初の段階でお客さまにイメージをもっていただくために、抽象的な説明ではなく、具体的な言葉や図をもって仮説とソリューションを説明する必要があります。そして、ある程度のヒアリングの感触を得たら、そこでサンプル機製作の投資判断を行い、早くサンプル機で実体験をしてもらうことが重要です。それによりお客さまの方でもイメージがわいてきて、「こんなことに使えるかも」と話が飛躍的に発展しました。このあたりの投資判断の基準やタイミングは当社

でも今後の課題であると認識しています。

ヒアリングするにあたっては、私たちもついあれもできるこれもできるという、機能紹介になってしまうこと。あるいは「こういうことはできますか？」という質問に答えることに終始してしまって、肝心の、お客さまの業務課題を聞けずに終わってしまう事も多々ありました。

そこで作成したのが、業種別のヒアリングシートです【資料1】。

複数名で調査するにあたり、ヒアリングする人やその時の会話の流れによってヒアリング結果にバラつきが出ないようにすると共に、定量的なデータとして結果が得られるよう、ヒアリングシートとトークスクリプトを作成しました。

ヒアリングシートはA4一枚。仮説として立てた課題解決のシナリオに、「かなり価値がある」「価値がある」「あまり価値がない」「ほとんど価値がない」の4段階と「その他」の項目を設定し、仮説がどこまでお客さまに当てはまるのかを判断していきました。

ヒアリングシートとあわせて、商品導入前後の業務シナリオを描いた資料を作成しました【資料2】。業務のどのような場面で商品が役立つかを、【資料1】で上げた課題解決のシナリオごとに図示。実際の業務の中で、活用するイメージをもってもらえるようにしました。このような資料と実機でお客さまに改善のイメージをもっていただき、何度も繰り返しヒアリングすることでソリューションを磨いていきました。インターネットなどで工事現場監督の仕事について調べたり、動画で「現場監督の一日」などを観たり、そこで概要をつかむことは可能だと思いますが、どのような図面をどのように使っているのか、何枚くらい使うのか、どんなことを書き込むのか、誰と情報を共有するのかといった具体的な業務フローは、実際に訪問して聞くしかありません。

また、こうしてヒアリングを進めるなかで、例えば医療現場における課題は建設業にも展開できることなども分かってきました。「こういう業務ではこんな需要があるのですが…」と、話題の呼び水として提示したり。他のお

消費者インサイトに迫る極意

☑ **導入メリットが想像できるような具体例を提示する。**

☑ **担当者によって差異が生じないよう、ヒアリングシートとトークスクリプトを作成する。**

☑ **ヒアリングの中で、常にアップデートを繰り返す。**

資料1 業種別ヒアリングシートの例（一部省略）

ヒアリングシート（建設業向け）

【商品概要】 eWhiteboard（eWB）は、「過酷な現場」のデジタル化支援サービスを提供する世界初の商品です。お客様と共に現場のデジタル化に取り組み、この商品のサービスを進化させ続けて参ります。商品化にあたり以下の質問にご回答いただけると幸いでございます。

【質問1】「朝礼時の現場配置図の注意喚起や作業説明会のデジタル化」は価値がありますか？
　①かなり価値がある　　②価値がある　　　③あまり価値がない　　④ほとんど価値がない　　⑤その他(　　　　)

【質問2】「竣工前追い込み時や内覧会時の業者指示のデジタル化」は価値がありますか？
　①かなり価値がある　　②価値がある　　　③あまり価値がない　　④ほとんど価値がない　　⑤その他(　　　　)

【質問3】「施工図面を使った現場での作業指示、図面変更のデジタル化」は価値がありますか？
　①かなり価値がある　　②価値がある　　　③あまり価値がない　　④ほとんど価値がない　　⑤その他(　　　　)

【質問4】「建築図面の遠隔共有レビューのデジタル化」は価値がありますか？

【質問12】「初期費用と月額利用料」は提供できる価値と比較していくらか適当ですか？
初期費用：
　①　＊＊万円台　　②　＊＊万円台　　③　＊＊万円台　　④　＊＊万円台　　⑤その他(　　　　)
月額利用料：
　①　＊万円台　　　②　＊万円　　　　③　＊万円　　　　④　＊万円未満　　⑤その他(　　　　)

【質問13】 何台程度導入いただけそうでしょうか？
当初：
　　　　　　　　年度　　　　　　台程度
将来：
　　　　　　　　年度　　　　　　台程度

以上

誰が聞いても回答にブレがないように、ヒアリングシートとトークスクリプトを作成して聞き込みを行った。

資料2 ソリューションシナリオの例

ヒアリングシートの各質問に対応している。

客さまから具体的にいただいた声を活用して、困りごとを引き出すという手法も有効でした。このような活動を通じ、より多くのお客さまから具体的な悩みを聞き出し、解決するための機能実装を盛り込むなど、商品仕様に反映していきました。

定性データに付記すべきは
ヒアリング担当者の所感

こうして聞き出していった情報は、企画メンバーだけではなく開発メンバーとも随時共有しています。

まず定性データについては、クラウド型のプロジェクト管理ツールに訪問履歴を記録して、チーム内で情報共有しました。実際に顧客とコミュニケーションを取り、「大変興味あり」「あまり乗り気ではなさそう」「ここは別の策でフォローしよう」…など、ヒアリング担当の所感も併せて記入します。

定量データは、ヒアリングシートの結果をもとに、ソリューションごとの支持率や価格帯についてデータ化してまとめます。例えば、あるソリューション活用について70%のお客さまから「かなり価値がある」「価格に対する価値がある」とう回答が得られた場合。そのソリューションの販売対象となる企業は日本国内に750社あり、そのうち我々がリーチできるのは約50%、商談成功率は70%で10台

ずつ導入した場合、いくらで販売すれば利益がでるか…と試算しながら、事業性の判断につなげました。

こうして得られた利用者の声は、ひとつは社内で事業化する開発フローにのせ、社内で商品化を進めるための説得材料にします。もうひとつは発売後。定性データを、販売するときのシナリオ作成に活用しました。全国のセールス担当に展開するために、ノウハウとして共有したのです。

利用者の声を拾い上げるとき、
向いているのは打たれ強い人!?

今回の事業で企画・マーケティング専任で関わったのは3名。そのうち2名は、マーケティング業務の経験はありませんでしたので、勉強しながらの実務となりましたが、リコー全体でいうと、営業として入社して4～5年経ってから企画やマーケティングに関わるパターンが多いように思います。実際にお客さまからの声を引き出すにあたり、そのような営業経験で得られたコミュニケーション能力は、企画・マーケティング業務に置いて非常に大切だと考えます。

しかし実際にやってみて最も大切だと思ったのは、打たれ強さがあるかどうか（笑）。商品の企画に対して、当然ですが、社内外問わず厳しいコメントをいただくことが多いんです。

しかしその時に心の拠り所となるのもまた、お客さまからの「このような商品がほしい」という声だと思っています。

profile

⚫ **山形正信**氏
Masanobu Yamagata

profile

⚫ **石川奈央美**氏
Naomi Ishikawa

「消費者インサイト」 にまつわる Q&A

回答者
リコー
山形正信 氏

回答者
リコー
石川奈央美 氏

Q.1 マーケティングと開発部門、販売部門との連携がうまくいきません。

A. 一番説得力がある「生の声」を、きちんと伝えましょう。

最も重要なのは顧客を起点に事実ベースで話をすること。一番説得力があるのが、「こういうお客さまがこう言っていました」という生の声。多数の声なのか、ピンポイントな需要なのかも含めて、伝えるようにしています。

また、これはマーケティングに限った話ではありませんが、部署間の連携をうまくやるには部署と部署の間に落ちてしまうような課題を自分が当事者意識を強くもって積極的に拾うこと。

この際、その課題をクリアーするための最善の人選が「わたし」でない場合も拾うことが大切です。そしてそれをクリアーするために何をするべきかを関連部署から引き出していく中で、あわよくば相手の部署がその業務を受けてくれる、という考え方をすることだと思います。（山形氏）。

Q.2 サービスの継続率が低いのが課題。
導入後のサポートとしてできることはありますか。

A. お客さまとの関係性を、継続して持ち続けることです。

可能な限り営業活動に同行し、商談支援を通じてお客さまとの接点を持ち、その場でフィードバックを得られるようにしています。お客さまからの生の声を企画チームへの共有はもちろん、開発チームに伝え、商品づくりにつなげています。販売担当と一緒に、開発担当者が納品や貸し出しに立ち会うこともあります。

『eWhiteboard』の商品構成は、本体価格＋月額サービスで拡張機能を提供する形態となっています。月額サービスを使い続けていただくためには、継続的な価値向上が必要です。実際に利用していくなかで生じた課題や、使っていくうちに新たなニーズが見出されることも。そこでご契約いただいて終わりではなく、お客さまと接点を持ち常にフィードバックを受けながら、機能のアップデートを図っていきます（石川氏）。

Q.3 なかなか新しい発想が生まれてこず、マーケターとして情報のアンテナを広げるために何をしたらよいでしょうか。

A. 日常の「景色」をよく見て、変わった理由、変わらない理由を考えてみる。

音楽や映画など、世の中にあるサブスクリプションモデルのサービスを個人的に積極的に使ってみています。そこで、何がどう改善されるのか、継続させるための工夫はなにか、ユーザーの立場で感じてみる。また会社で契約しているサービスについても同じように、アップデートのタイミング、内容などを見るようにしています（山形氏）。

起業家が事業計画をプレゼンテーションして、投資家が出資の可否を判断するYouTubeの動画をよく観ています。非常に泥臭いやり取りが多いのですが、提案の仕方や、事業の組み立て方など参考にすることもあります。

また、移動したり買い物をしたりする中で、コロナの影響で社会や暮らしがどう変化したのかを観察するようにしています。例えば交通広告の内容や量など…景色が変わった理由、変わらない理由を考えてみる。すでに自分たちの生活に顕在化している部分と、まだ顕在化していないけれど、この先変わっていくだろう部分を想像しながら、日々の生活を送っています（石川氏）。

Opinion

消費者インサイトの発掘術②

デザイナー×エスノグラフィ視点を取り込み生活者の当たり前に潜む「不便」を見つける技

文／山本茂貴
（デザインエスノグラフィ代表取締役
デザインエスノグラファー／
クリエイティブディレクター）

自ら言葉にできることは「すでに顕在化している不便」

近年、商品・サービス開発のプロセスにデザイン思考や人間中心設計といった考え方を取り入れる企業が増えています。デザイン思考の第１ステップにはユーザーへの共感が置かれていますが、これはプロダクトデザイナーが自然と行っているユーザー目線に立った発想を再現するものです。

「ユーザー目線」、言い換えれば「生活者視点」が重要視されるようになった背景には、言わずもがな生活者価値観の多様化があります。企業がモノをつくり顧客がそれを受け取るという一方的な価値提供では、生活者の心を掴み、動かすことが難しくなっているのです。

そういった変化に対応するためには、企業と顧客、商品と消費者といったマーケティング活動然としたアプローチにとどまらず、消費行動を生活文脈の一部と捉えて、生活者が実現したいことを把握する必要があります。そこには、生活者自身でさえ気づいていない課題、環境問題や人権問題の解決といった消費行動とは直接関係のない価値観なども含まれるでしょう。

私はデザイナーとしてキャリアをスタートし、その後事業開発を支援するマーケティング会社に転職しました。多くのプロジェクトでは、最初にネットやインタビューで「ユーザーの声を聞く」調査が組み込まれていましたが、こういった調査から本当に新しいプロダクトを生み出すことは難しいと感じていました。なぜなら、ユーザーが自ら言葉にできることは「すでに顕在化している不便」だからです。

必要なのは、実際の生活を切り取り、その背景にある生活者インサイトを汲み取る技術でした。その後さまざまな調査手法を模索する中で出会った「エスノグラフィ」は、まさにその技術を体現するものです。

エスノグラフィで文脈を描き、デザイナー的にツッコミを入れる

観察手法のひとつとして、エスノグラフィをもうご存知の方もいるかもしれませんが、本来は「ethno-：民族」「-graphy：記述」を意味し、一般に「民族誌」と訳されます。元々は文化人類学や社会学で用いられる参与観察と呼ばれる手法で、集団や社会の行動様式をフィールドワークによって調査・記録します。単なる行動観察ではなく、数年に渡って現地の人と生活を共にし、関係性を築く過程の中で、文化や慣習、価値観などを理解していくこと。さらにそれを民族誌に記述することが特徴です。

一方で、デザイナーには特殊な日常の癖があると思っています。デザイナーの多くはある種の職業病のように、普段から街中やお店、家の中といった生活環境における些細な「違和感」に対して審美的ツッコミを入れたいという衝動に駆られます。ある生活の１コマに身を置き、自分ごとと化した瞬間に、誰もがすでに成立していると思っているモノやコトにさえ潜在的な問題を見つけ出してしまう。そして、誰に頼まれるでもなく、自身のデザインの引き出しから新たな解を探り当てようとしてしまうのです。

このデザイナー的な発想とエスノグラフィを組み合わせると、生活文脈を踏まえた新しいプロダクトやサービスのあり方を考えることができます。観察と対話から対象者の生活文脈を理解し、それをもとに未来の生活全体のシナリオを未来日記や絵コンテを描くように記述してみる。そして、未来の生活にツッコミを入れながら、そこに存在する新しいプロダクトやサービスはどんなものであるかを想像するのです。

生活行動の観察から見つかった課題の原因は、そこに至る文脈を辿るとまったく別の生活シーンにあったりしますが、この方法なら課題解決シナリオを様々な伏線を伴ったまま長い時間軸で考えることができます。また、このように未来に向けた生活者シナリオを描くことで、アイデア創出からコンセプト開発、

☑ 観察と対話から対象者の生活文脈を理解し、
未来のシナリオを描く。

☑ ユーザーにとっての当たり前の日常を捉える。

☑ 専門性や部門を越えたチームをつくる。

コミュニケーション設計まで、さまざまなフェーズに役立てることができるでしょう。

新しいプロダクトは
ユーザーの当たり前から生まれる

例えば、プロダクト開発チームでユーザー行動を知るためにフィールドワークを行うとします。関係者全員が現場に立ち会えるのがベストですが、なかなかそうはいかないでしょう。当社で行っている方法のひとつに「お宅訪問ビデオ調査」というものがあります。調査員がカメラマンと共にユーザーの暮らす場に赴き、対象となる生活行動を見せてもらいながら映像で記録するものです。ここでポイントになるのは、ユーザーにとっての当たり前の日常を捉えること。調査員の意識と分断されたカメラマンの目線で、生活のありのままを映像に記録します。それを見ることで、調査現場に来られなかったチームメンバーも

フィールドワークを追体験でき、それぞれの主観や専門性から気付きを得ることができるでしょう。

現場観察では、師匠に教えを請う生徒のようなスタンスでユーザーに質問をすることで、実際の生活行動の文脈を教えてもらい、インサイトを明らかにしていきます。これまでの経験上、大抵のユーザーは企業の意図通りにプロダクトを使ってくれているわけではなく、各々で最適な使い方に"無意識に"アレンジして暮らしに取り込んでいます。例えば、ある老夫婦のお宅を訪問し洗剤の詰め替えを実演してもらうと、奥さまが小さな紙を円すい状にホチキス止めした即席の漏斗をつくり、それを使って旦那さまが器用にボトルへ液剤を流し込んでいました。このご夫婦にとって当たり前の日常の1コマこそが実は「潜在的な不便（＝インサイト）」だったのです。ユーザーに不便を問うのではなく、日常の当たり前を教えてもらうという姿勢が大切なのはこ

のためです。

また、生活者インサイトにより深く迫るためには、他の調査と組み合わせて文脈を理解することも必要です。対象者を取り巻く人々との関係性や本音、普段の習慣や癖、消費に対する価値観などを、アンケートやデプスインタビューによって明らかにすることで、観察で切り取った生活シーンに至る様々な動機がわかり、生活文脈全体を共感的に理解することが可能となります。

さらに、生活者インサイトを自分ごと化するためのワークショップも有効です。当社で行った例でいうと、食品メーカー数社と共同で一般家庭の団らんの様子をビデオ調査した後、調査参加者に「なりきり体験」をしてもらいました。観察対象である家族になりきって、調理や団らんなど観察したシーンの行動や発言をトレースして演じてみるというものです。この体験を経ることで、ターゲットの気持ちに立って新しい商品・プロモーションア

図表1　生活者インサイトに迫る調査のあり方

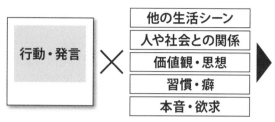

行動・発言　×　他の生活シーン／人や社会との関係／価値観・思想／習慣・癖／本音・欲求　→　生活文脈全体から生活者インサイトを共感的に理解する

フィールドワークで切り取った生活シーン

アンケートやデプス調査等で生活シーンに至る動機を探る

ワークショップで生活シーンをトレースし自分ごと化する

イデアを生み出すことができました【図表1】。

調査部署ではない人もまずは目を養うことから

とはいえ、最初から本格的なエスノグラフィをプロジェクトに取り入れることは難しいので、ひとりでも始められる初心者向けのフィールドワークを最後にご紹介します。まずは、普段の自分では絶対に行かないような場にあえて行くことから始めましょう。自分とは明らかに異なる文化がそこにはあり、違和感に対する感度を高めることに役立つはずです。

余計なバイアスがかかるので下調べはせず、まずは主観でその場に没入し、違和感や共感を思う存分自分の肌で感じ取りましょう。気付きをその場でメモしたい気持ちはぐっと抑えて、なるべく周囲に馴染み、かつ自身の感情の流れを分断しないように、スマホで軽く撮影・録音する程度に留めるのが良いでしょう。

いきなり観察対象に直接話を聞くことはなかなか難しいので、彼らの会話、服装や持ち物から、他のことへの関心や、他のコミュニティへの関わりのヒントを探ります。フィールドか

ら机に戻ったら、目撃した場所や、身につけていたものをSNS上で検索することで、彼らの生活やインサイトの全体観の仮説をつくり、またフィールドに出るということを繰り返していきましょう【図表2】。

ここまで読んでいただいた方の中には、普段は調査に直接関わらないお仕事をされている方もいらっしゃるかもしれません。私がこれまでたくさんのクライアントの皆さまとプロジェクトを共にしてきて思っているのは、「調査は調査部署が行うもの」というスタンスでは、調査結果が無用の産物と化してしまうということです。これから生活者インサイトを元に新たなプロダクト開発やコミュニケーション設計に取り組むならば、専門性や部門を越えたチームをつくり、インサイト発見から解決アイデアの創出に至るまでをぜひ共創してみてください。

とりわけ、今は先の読めないVUCAの時代です。課題解決の道筋をひとつに決めすぎず、曖昧さを許容できること。確かさばかりに頼らず未来の可能性をいくつも見つけることで、アイデアやイノベーションの種はもっと生まれるのではないでしょうか。

図表2　初心者向けのフィールドワークの心得

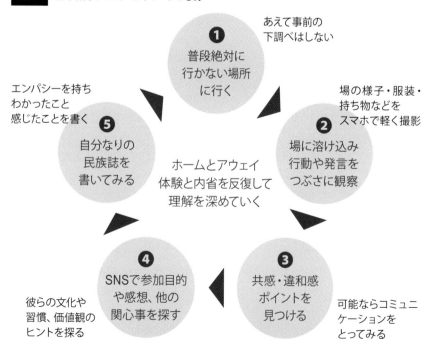

❶ 普段絶対に行かない場所に行く — あえて事前の下調べはしない

❷ 場に溶け込み行動や発言をつぶさに観察 — 場の様子・服装・持ち物などをスマホで軽く撮影

❸ 共感・違和感ポイントを見つける — 可能ならコミュニケーションをとってみる

❹ SNSで参加目的や感想、他の関心事を探す — 彼らの文化や習慣、価値観のヒントを探る

❺ 自分なりの民族誌を書いてみる — エンパシーを持ちわかったこと感じたことを書く

ホームとアウェイ体験と内省を反復して理解を深めていく

profile

▶ **山本茂貴**氏
Shigeki Yamamoto

大学でプロダクトデザインを専攻。デザイン、コンサル、マーケティングなどのキャリアを経て2014年起業。デザインリサーチを元にした事業開発やビジネスデザインを支援。

「消費者インサイト」にまつわる Q&A

回答者
デザインエスノグラフィ
山本茂貴 氏

Q.1 プロダクト開発の部門とパッケージや広告を始めたコミュニケーション部門の連携がうまくいかず、リレー形式で上市する状況が変えられません。

A. クリエイター自身も、フィールドワークに参加してみましょう。

クリエイティブ担当の方もフィールドワーク調査に参加されることをおすすめします。暮らしの現場に自ら赴き、自身の感性というフィルターを通して見ることで、普段の生活では体感したことのない「心がざわつく感覚」や「共鳴する感覚」を感じ取って下さい。その場で、その生活文脈にこそ相応しいレトリックやデザインを思い浮かべ、"頭の中の半透明の紙"を使って、目の前の生活シーンと、未来のユーザーがそれを使用しているシーンとを重ね合わせてみる

のも良いでしょう。

フィールドワーク後は、調査員が現場のファクトを持ち帰り仮説立てをするように、その直感を持ち帰りサムネイルやコピーとして表現してみてください。

この表現を共有するのも有効。異なる専門性や役割を持って同じ現場を見てきたメンバーとアイデアをシェアすれば、さらなる創造的飛躍が生まれることと思います。

Q.2 フィールドリサーチで集まる大量の定性情報を整理することができません。

A. 「相関図」や「○○攻略の10箇条」など調査結果を俯瞰できる資料をつくります。

個別の調査結果や対象者を俯瞰で繋ぐ「相関図」をつくると理解が深まります。

例えば、生活シーンにおける家族の関係性をインサイトとセットにしてまとめたり、ネット上のユーザー行動をリアルで関係する決裁権者とのやりとりと並べて時間軸でまとめたり。まずは各対象者を属性がわかる形でプロットし、その関係性や繋がりを「表にある行動や発言」や「裏にあるインサイト」等で表現した上で、写真や

ビジュアルを用いて補足すると、因果関係を視覚的に理解することができるようになります。

また、調査は基本的に何らかの戦略やプランニングに活かしていくわけですが、調査の考察を皆で話し合い、「ターゲット攻略のツボ10箇条」や「家族の新定番10箇条」といった戦略書を手描きイラストとキャッチコピーでまとめると、部門やフローを超えた共有知として役立てることができます。

Q.3 なかなか新しい発想が生まれてこず、マーケターとして情報のアンテナを広げるために何をしたらよいでしょうか。

A. 普段の自分では絶対に行かない「わざわざな場所」に行きます。

普段の自分では絶対に行かないような場所に行くことです。例えば私の場合、全くやらないDIYワークショップに参加したり、お米派ですがパン好きが集まるイベントに参加したり。場所選びのポイントは、お金を払わないと入れない場所や、目的がないと訪れない場所など「わざわざな場所」に行くことです。

「わざわざな場所」にはある種の結界が存在するので、それなりに出向くには心理的ハードルがありますが、勇気を持って中に入ると、自分が住むコミュニティにはない「当たり前」を知ることがで

きます。

積極的にコミュニケーションをとって、異なる界隈と決めつけていた人たちとの境界を溶かすことも大切です。以前、大きなトレカのイベントで、ある参加者の方がド素人の私に遊び方を丁寧に教えてくれて、彼らへのイメージが大きく変わりました。

フィールドワーク後はSNSのハッシュタグ検索をして、彼らの参加目的や感想、別の趣味など、インサイト発見に繋がるヒントを探り当てましょう。

Opinion

クリエイティブ・ディレクションの
スペシャリストに聞く

ADプランナー・
ディレクターの力の発揮に
広告主は汗をかきましょう！

文／名久井貴詞
(OfficeNacky
CreativeDirector/
Packagedesigner/
Creative調査analysis)

広告主のCreativeDirection その大前提となるものとは？

「ADプランナー・ディレクターの力の発揮に広告主は汗をかきましょう！」というタイトルから、よい広告をつくるには、ADプランナーを自由にすればいいのか？と思われた方もいると思います。しかし、それは大きな誤解です。むしろ、広告主は徹底的にCreativeDirectionをしてくださいという意味です。

広告に対する捉え方が、「広く告げること」を目指す広告会社と、「販売・イメージ向上のための武器・手段」と考える広告主とでは、根本的に広告に対する考え方、期待値が異なっています。

広告主が目標達成をできるか否かについて、広告会社が保証してくれるわけではありません。なぜなら広告会社の仕事のすべてが、広告主の判断の基にあるからです。

つまり、広告主は広告のことを広告会社にすべて任せるのではなく、広告に対する向き合い方が違うからこそ、深く話し合うべきですし、その中で共有点を見出しながら広告会社の機能を生かし、一緒につくり上げることが大前提にならなければなりません。

では、企画・制作プロセスに則りながらお話しします。

Planner・Designerは 皆さんと同じ人間です

広告宣伝担当者・マーケターは、広告会社のプランナーなどクリエイターを特別視する傾向があるように思います。それは、多くの担当者・マーケターは学歴も含めて"クリエイティブ"という領域に縁の遠い生活を送ってきたことから、どうしても苦手意識が働きやすいのだと思います。

しかし、まったく気にする必要はありません。クリエイターも赤ちゃんを見れば、思わず笑顔になりますし、怖い目に遭えば「ビックリした」と言い、皆さんと感覚的にまったく変わることがありません。ただし課題に対してどのように伝えたら良いのか考え、表現に変えるプ

ロだということだけです。もし、打ち合わせの場で違和感を持ったら気軽に質問してください。議論の始まりになります。

オリエンテーションは重要 でも正しい形があるわけではない

多くの宣伝担当者は"オリエンテーション"が重要と言います。そのやり方などはHow to本で目にすることができますが、どの方法が一番優れているのでしょうか？

ある優れた広告をしている企業の担当者から聞いたのですが、時によっては"オリエンシートがない場合がある"と言っていました。私もこの意見に同感で、オリエンという場や、オリエンのフォーマットが大事なわけではないのです。

大切なのは何の課題に悩んでいて、どうしたいのか？を明快に語れることです。また、その課題を自分はどのように捉え、課題を取り巻く環境はどうで、どのようになりたいのか、洗いざらい生の言葉で語るのが一番良いと考えています。決して綺麗な言葉で語る必要はありません。広告会社のプランナーは、意外と冷静に聞いています。なぜなら、広告主のイメージは誰もが商品や広告から感じるモノと同じで、何に悩んでいるかなんて何も知らないのです。ですから、広告主のコトを知れば知るほど、知らなかった驚きもあれば感動もあり、さらに広告主のダメさ加減も見えてきます。

つまりクリエイター魂（私も含め、人に喜んでもらうコトにすぐ身を投じる姿勢です）がくすぐられるのです。商品・サービスの自慢話ではなく恥ずかしいぐらいに赤裸々に語ることは、プランナーの心を動かします。プランナーが自ら何とかしたくなるのです。これ、できていますか？

企画プレゼン、 判断するポイントとは？

広告担当者が、何回かドキドキする仕事のひとつに企画プレゼンの場があります。多くの

「クリエイティブ・ディレクション」の極意

☑ オリエンで大切なのはフォーマットではない。
洗いざらい生の言葉で語ること。

☑ 広告主の熱い心は見せた方が良く、スタッフの心にも火をつける。

☑ 撮影現場では、広告主も撮影される内容に執着を!

企業の決定者は、どのように判断しているのでしょうか?

よくプレゼン時に見かけることとして、事業部長がプランナーの説明も聞かずどんどんページをめくりコンテを眺めるというシーンを、私自身も何度も経験しました。あ〜っ、コンテを見て安心したかったんだな〜と推察していたのですが、説明を聞かずにコンテを見る。それはそれで一理あります。しかしコンテの絵に惑わされる場合があります。絵コンテは読み取りに技術が必要だからです。

それでは資料を見ずにプレゼンに耳だけ傾ければいいのでしょうか。これはこれで、プランナーの饒舌な時間を掛けた説明に魅了されて15秒という時間感覚を忘れてしまいミスを起こすことがあります。

私の立場はと言うと、プレゼン前にプランナーと一緒に企画をつくり上げているので、正式プレゼン時は全部知っている状態です。でも、さすがに初めてコンテを見る時は、自宅にいてテレビを見ている環境を想定して、ボサ〜ッとして集中しないで見たり聞いたりします。その後、何が頭に残ったかを振り返り、企画の改善をしていました。集中してプレゼンを聞くと全部理解できます。しかし、そこでお客さまとの広告の接し方が異なってしまいます。

他企業の部長さんから、企画プレゼンで決定したら、「後はよろしくね!」といって、お任せするという話を聞いたことがあります。これはその企業と広告会社の信頼関係が、強いんだなと思いました。しかし、その後、広告会

図表1 広告主のCreative Directionとは

広告主の Creative Direction って必要なの? 広告会社に依頼して終わりじゃない?

家を建てるのと同じ。図面を決めたら後は全部お任せするの?その都度、確認は必要です

良いオリエンしたと思ったけど、良い広告が出てこないんだよね〜

何を思って良い広告なの?基準がなければない物ねだりかも…

海外での、出しゃばりシズルディレクション（タイ王国）。口で言うよりやって見せた方が早く伝わりました。当時、現地では God Hand と呼ばれていました。

社から制作会社へ仕事が受け継がれるのですが、その引き継がれる内容をちゃんと広告宣伝担当者はわかっているのでしょうか？ 大丈夫だろうということで広告会社からの説明ですませているのではないでしょうか？
まずディレクター（演出家）通称、「監督」の選択ですが、しっかり関与していますか？ 監督を決めたら可能な限り、会って話をしてください。なぜなら広告の仕上がりを担っているのは監督だからです。撮影現場で「はじめまして」の挨拶になる事態は避けましょう。
もし、監督が忙しくてなかなか会えないのであれば、確実に会えるのはオールスタッフ打ち合わせです。演出コンテは仕上がっている段階かもしれませんが、その場で、なぜこの広告をしようと考えているのか、なぜこの企画を選んだのか、商品・サービスの置かれた環境を含めて話ができれば、監督をはじめスタッフの、この企画に対する理解が深まります。
オリエンで広告会社に赤裸々に話した内容は、企画を前提とした場になっているので、残念ながら100％は伝わっていません。でも、制作する現場のスタッフも人です。こちらの強い思いを知れば、やはり考えて良い方向に導いてくれます。もし新しい演出の提案があったりした場合は、両方撮影する想定をしましょう。編集してみないと、判断できないケースもあるからです。そのCMのトーン＆マナーを守りつつ、思いを伝えられる表現を追求できているかなど確認できるように、場を持っていくのも大切です。

ついに撮影現場
広告主の仕事は何ですか？

いよいよ撮影となり現場に勇んで来ても、タレントやマネジャーとの世間話や撮影終了後の花束贈呈などに終始してしまうことはありませんか？
私の場合は、食品でしたから料理の状況や美術セットの確認、商品のセッティングなどを確認して、もちろん、監督をはじめ皆さんにご挨拶してビジコンに集中します。
監督が纏めた演出コンテの1カット、1カットには、それぞれ意味があります。その意味がちゃんと表現できているのか撮影ごとに確認をします。私の頭の中で、ささっと編集もしてみます。良ければOKを出します。まるで自分が監督にでもなったかのように、撮影される映像を見ます。気になれば、私から「もう一回！」と声を出します。シズルに関しては気になれば私がカメラの前でお玉でカップに注いで、注ぎ方を見せたりと、出しゃばる広告主でした（でも、それだけやってもいいのです）。
よく撮影現場でパソコンを開けて仕事を始める方もいましたが、それはそれで役割なので仕方がありませんが、広告宣伝担当者であれば、撮影される内容に執着してほしいです。
最終段階の編集室は、広告会社のプランナーはじめ数人のスタッフと制作会社のスタッフ、監督とオペレーターの中に、ぽつんと数人の広告主という状況が多く、再び広告主という立場を強く感じる時ですよね？ 準備が整うと、演出コンテに沿った基本形から編集違いまで提案されることがありますが、皆さんはどうされていますか？

私はここでもお客さま目線と態度を貫きます。内容が理解できるのか？ 伝わるのか？ その2点です。
以前、編集した映像を最初に見た時に、「わからない、内容がつながらない」感覚を覚えました（この感覚は皆さんもお持ちです、ご心配なく）。私の部下たちも気がつきません。コンテで理解しすぎているために疑問が起きなかったのです。すぐさま監督とプランナーに、なぜそのように感じるのか、論理的に話しました。100％理解は得られないなりに対策を取り、つなぎ合わせてそこで理解されました。
これは、長期の作業のために起こりやすい落とし穴で、気がついたコトを話せる環境を整えておかなければ、最後までギスギスした企画・制作プロセスになります。これも、広告主が率先してつくり上げなければなりません。ここまでお伝えしてきたように、広告会社に依頼はしても、広告主がやらなければならないコトは、たくさんあります。広告とはそれだけ大変で面倒なものであるということです。でも広告主にとって社会・お客さまとブランドを繋ぐ重要なモノであることは変わりません。皆さん！ Direction頑張りましょう。

profile

 名久井貴詞 氏
Nakui Takashi

味の素で38年間、日本と海外で Package Design と広告の企画制作の両方を担当。2017年に Global Brand Logotype を米国 Designer と開発。2021年退任しフリーに。JAACreative委員会委員長を務める。

徹底活用！
広告制作プロダクションガイドの見かた

018ページからは制作会社の基本情報や作品などを掲載しています。

そこで、はじめにこの本の見かたをご紹介しておきましょう。

掲載企業の業務領域や得意分野、どんなクライアントの仕事をしているのか、

その作品および解説をじっくりチェックして、最強の制作パートナーを見つけましょう。

※すべての記載内要は各社の判断に基づきます。

掲載企業の詳細、強みなど 制作会社の概要や強みが書かれています。

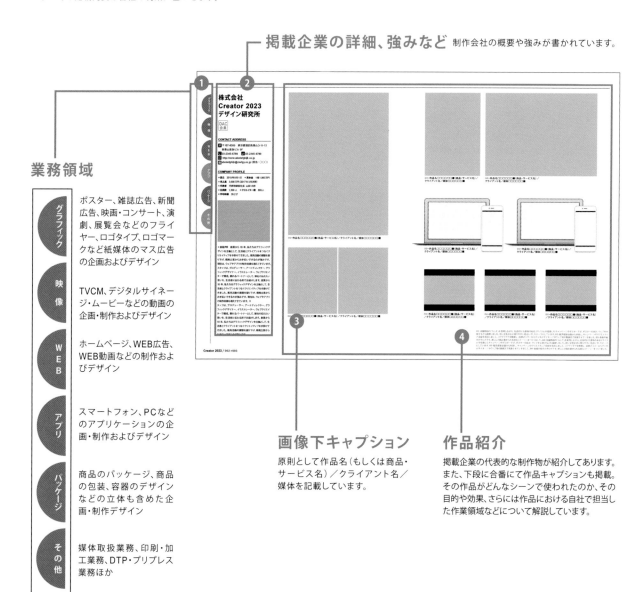

業務領域

グラフィック	ポスター、雑誌広告、新聞広告、映画・コンサート、演劇、展覧会などのフライヤー、ロゴタイプ、ロゴマークなど紙媒体のマス広告の企画およびデザイン
映像	TVCM、デジタルサイネージ・ムービーなどの動画の企画・制作およびデザイン
WEB	ホームページ、WEB広告、WEB動画などの制作およびデザイン
アプリ	スマートフォン、PCなどのアプリケーションの企画・制作およびデザイン
パッケージ	商品のパッケージ、商品の包装、容器のデザインなどの立体も含めた企画・制作デザイン
その他	媒体取扱業務、印刷・加工業務、DTP・プリプレス業務ほか

画像下キャプション

原則として作品名（もしくは商品・サービス名）／クライアント名／媒体を記載しています。

作品紹介

掲載企業の代表的な制作物が紹介してあります。また、下段に合番にて作品キャプションも掲載。その作品がどんなシーンで使われたのか、その目的や効果、さらには作品における自社で担当した作業領域などについて解説しています。

広告制作
プロダクションガイド
基本情報&作品

- アイビーエムエイ
- アイル企画
- アクロバット
- アズワン
- アドブレーン
- ウィルコミュニケーションデザイン研究所
- エージー
- fp design
- オンド
- クリエイティブコミュニケイションズ レマン
- サイレン
- サクラアルカス
- サン・クリエイティブ
- シーズ広告制作会社
- スタヂオ・ユニ
- スパイス
- たきコーポレーション たき工房
- ティ・エー・シー企画
- dig
- テオトリー・アーテ
- 東京アドデザイナース
- 東京グラフィックデザイナーズ
- 東京ニュース
- トラック
- 2055
- ノエ
- バウ広告事務所
- 博報堂プロダクツ
- バックストリート
- ヒルズ
- 広瀬企画
- フェロールーム
- プロモーションズライト
- マルキンアド
- むすび
- モスデザイン研究所
- YAOデザインインターナショナル
- ライトアップ
- ランニングホームラン
- Logram
- y4create

全41社（●はOAC会員社／●はその他企業）
※掲載は原則として五十音順です

株式会社
アイビーエムエイ

CONTACT ADDRESS

〒150-0021　東京都渋谷区恵比寿西1-16-15
EBISU-WEST 4F
03-6416-7600　FAX 03-6416-7602
https://www.ibma.jp/
ma_contact@ibma.jp (担当：鳥居)

COMPANY PROFILE

● 設立　1977年4月　● 資本金　2,000万円
● 売上高　6億5,500万円(令和3年12月)
● 代表者　代表取締役　武田 幸範
● 社員数　31人　● クリエイター数　20人

● 会社PR　私たちibmaは、グラフィック・WEB・映像・プロダクト・イベントの5つの事業を展開し、お客さまの"伝えたいこと"すべてをデザインします。年間約350社様、年間案件数約2,500件のデザイン会社が、企業の広報・宣伝、販売促進、マーケティングの支援をしています。

コミュニケーション力 「伝えたい」を引き出す力。デザイナーもヒアリングに同行。制作の目的や意図を汲み取り、弊社担当者によるブレストを実施。1人1人がお客さまに向き合い、効果を高める制作を行います。

圧倒的なデザイン力 経験とセンスで高いクオリティを実現。創立40年以上、経験豊富なディレクターや感性豊かなデザイナーが在籍。お客さまの想像以上のデザインをお届けします。

豊富な提案力 グラフィック事業に留まらず、Webや映像制作、広告運用からイベントサポートまで幅広く事業を展開。事業部の垣根を超えて連携を図り、お客さまのニーズを超える提案を行います。

【業務領域】

グラフィック 企画・ディレクション・デザイン・ライティング・印刷/広告/カタログ/ロゴ/ポスター/パンフレット/会社案内/イラスト/CGなど全般

WEB 戦略・ディレクション・デザイン/コーディング・ライティング・検証・運用/コーポレートサイト/サービスサイト/採用サイト/LP

WEBマーケティング 調査・分析・サイト運用・広告運用・解析改善/リスティング広告/ディスプレイ広告/DSP広告/SNS運用/SEO

映像 企画・ディレクション・撮影・演出・編集・翻訳・ナレーション・キャスティング/CM/プロモーション/モーショングラフィックス

プロダクト 企画・ディレクション・デザイン・印刷/ノベルティ/オリジナルグッズ/パッケージ/マーチャンダイズ

イベント 企画・ディレクション・施工・運営/展示会/学会/セミナー/カンファレンス/社内イベント/オンラインイベント

01・TOYOTAモデリスタパーツ総合カタログ／株式会社トヨタカスタマイジング＆ディベロップメント／総合カタログ

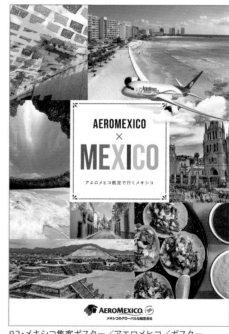

02・メキシコ集客ポスター／アエロメヒコ／ポスター

03・アルモニーアンブラッセ大阪／
株式会社テイクアンドギヴ・ニーズ／WEB

04・GOLDWIN MOTORCYCLE／
株式会社ゴールドウイン／WEB

05・コーポレートサイト リニューアル／
ダイヤ 株式会社／WEB

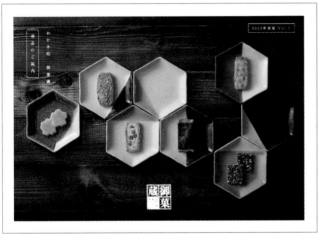

06・おかき処 御菓蔵／株式会社御菓蔵／カタログ・パッケージデザイン

07・Wedding Note PLUS／株式会社テイクアンドギヴ・ニーズ／販促物

08・自律運航実証実験 紹介映像／株式会社 商船三井／映像

09・展示会用 映像制作／シチズン・システムズ株式会社／映像

01・国内向け販促制作物で培った経験をもとに新たな個性を演出するテーマで作成した海外向け車両カスタマイズパーツカタログ02・メキシコに魅力を感じ興味を示してもらうため、旅行代理店の店舗に掲示するポスターを制作いたしました。03・大阪のラグジュアリーホテル、アルモニーアンブラッセ大阪のホテルサイトをデザイン・リニューアル制作いたしました。04・グラフィックを効果的に配置しつつ製品検索性を高めてサイトデザイン。05・家庭用品とゴルフ用品を製造・販売しているメーカー様のコーポレートサイトを制作いたしました。06・富山の老舗おかきメーカー「御菓蔵」様の商品カタログの撮影・デザイン・印刷。商品のパッケージデザインも制作いたしました。07・結婚式を挙げるまでに必要なノウハウを集めた「Wedding Note PLUS」作成。オリジナルデザインのPVCケースと冊子をセットに作成。08・無人運航実証実験の紹介映像として構成・撮影(各所ドローン撮影許可取り含め)・編集を行いました。09・遠隔介護を連想できるよう、家族や知人間のつながりをイメージして制作いたしました。

有限会社
アイル企画

OAC 会員

CONTACT ADDRESS

📍 〒160-0022　東京都新宿区新宿 3-11-10
　　新宿 311 ビル 9F

📞 03-3341-5626（代表）　📠 03-3341-5745

🌐 https://www.ill-kikaku.com

✉ info@ill-kikaku.com（担当：中村）

COMPANY PROFILE

● **設立**　1982年7月30日　● **資本金**　500万円

● **売上高**　約4億1,000万円（2021年12月決算）

● **代表者**　代表取締役社長　長澤 幸四郎

● **社員数**　38人　● **クリエイター数**　36人

● **平均年齢**　32.3才

● **会社PR**　1982年、私たちアイル企画は新宿で設立されました。急速に変化する時代の流れに乗りながら40年の月日が過ぎさりました。時代は目まぐるしく流れ変化しています。私たちはその時代の流れをつかんで乗りこなしてきました。

常にユーザー側に寄り添い、私たちがクライアントとの架け橋となり、伝達していくPolicyを忘れずに歩んできました。これからも平面構成を軸として、より幅広い媒体に完成度の高い制作物を提供していけると信じております。

時は止まることなく流れていきます。私たちはその流れに逆らわずクリエイター、一人一人の可能性を信じて挑戦していきます。

01・サッカーダイジェスト／日本スポーツ企画出版社／雑誌

02・Slugger／日本スポーツ企画出版社／雑誌

03・VTuberスタイル／株式会社アプリスタイル／雑誌

04・北海道日本ハムファイターズオフィシャルガイドブック2022／雑誌

05・るるぶ 特別編集 山形／JTBパブリッシング／フリーペーパー

06・るるぶスヌーピーに会いに行こう!／JTBパブリッシング／ムック

07・早期対策で差をつける 大学1・2年生のための就活の教科書／マイナビ出版／書籍

08・転倒予防の名医が教える 長生き足体操／幻冬舎／書籍

09・汚れ落とし研究家 茂木和哉のラクラク掃除術／マイナビ出版／書籍

10・TWSC Official Guide Book 2022 洋酒部門／ウイスキー文化研究所／パンフレット

11・早めの住み替えを考える 高齢者ホーム2023／朝日新聞出版／ムック

12・smartofficeカタログ2022／プラス株式会社ジョインテックスカンパニー

13・日野レッドドルフィンズ選手のぼり・メンバーボード・ボールターゲット・電光掲示板／日野レッドドルフィンズ

14・Re-Birth みらいチャレンジプロジェクト／ACE株式会社／WEB

15・CHANTOweb 連載バナー／主婦と生活社／WEB

16・C's Comics 電子書籍／主婦と生活社／WEB

01・写真を活かし、シンプルでわかりやすい誌面を目指してデザインしています。02・MLBの魅力が伝わるように写真の見せ方やフォントにも配慮しながら作成しています。03・旬のVTuberに特化した雑誌なので、界隈のトレンドを見逃さず紙面に落とし込むことを意識して制作しております。04・本年からチームロゴやチームフォントが刷新されたので、新しいファイターズを表現しました。05・楽しげなデザインにすることで、山形県のたくさんの魅力が伝わるよう制作しました。06・キャラクターの存在感が全面に出るよう意識しました。07・大学生の就活が楽しく思えるようなデザインを意識しました。08・危険なイメージを煽るような配色と文字のバランスを考え、目にとまるようなデザインを目指して制作しました。09・掃除の本なので清潔感のある色使いや、手順の分かりやすさや読みやすさを意識しました。10・世界のウイスキーおよびスピリッツを審査する、日本で唯一の品評会の公式ガイドブック。見て楽しめる誌面づくりを意識しました。11・あたたかみのあるシリーズの流れを汲みつつも変化を意識しました。12・イラストで沢山の商品とリモートワーク感を出し「進化する働き方」を表現しました。13・チームカラーの赤を基調にカッコよく、幅広い世代に親しんでもらえるデザインを意識しました。14・野球グローブ再生工房「Re-Birth」が行う野球振興活動「みらいチャレンジプロジェクト」のWEBサイト。15・サイト内に埋もれないように、文字と余白のバランスを意識しました。16・電子書籍の性質上、作品の雰囲気とタイトルがひと目で分かるよう意識しました。

株式会社
アクロバット

OAC
会員

CONTACT ADDRESS

〒150-0002　東京都渋谷区渋谷1-4-12
富田ビル6F
03-5464-3981　FAX 03-5464-3982
http://www.acrobat.co.jp
info@acrobat.co.jp (担当：廣川)

COMPANY PROFILE

● 設立　2000年2月2日　● 資本金　1,010万円
● 代表者　代表取締役　杉谷 一郎
● 社員数　26人　● クリエイター数　25人
● 平均年齢　35才

● 会社PR　グラフィック、WEB、映像、アプリ。現代の
企業コミュニケーションに欠かせないあらゆる媒体の
企画と制作を、私たちはワンストップでご提供すること
ができます。コンセプトやキービジュアルの開発はもち
ろん得意とするところですが、そのメッセージを柱に、ど
んなコミュニケーションの手法を取るべきかを考えるこ
とも、私たちの重要なサービスのひとつになっていま
す。商品の特徴やプロモーションの目的に合わせて最
適なソリューションと、最良のクリエイティブをご提案
いたします。

［就職をお考えの皆さまへ］

会社はひとりひとりのデザイナー、コピーライターの自
己実現の場でありたいと考えています。ですから何より
大切にしているのは、スタッフ個々のモチベーション。
やる気と結果さえ出せば、時間の使いかたは本人の自
由です。創業22年のまだ小さな会社ですが、気持ちと
態度は大きく、オール業種・オール媒体に強いプロダク
ションを標榜しています。創業の混乱期を終え、これか
らが成長期。豊かな才能をもつ方との出会いを楽しみ
にしています。※募集状況・会社説明会のご案内は、当
社ホームページをご覧ください。

01・犬吠埼温泉送客キャンペーン／JR東日本×銚子電鉄／
交通広告 (広告代理店：ジェイアール東日本企画)

02・2022年新学期生募集／駿台予備学校／交通広告

03・犬吠埼温泉送客キャンペーン／JR東日本×銚子電鉄／交通広告（広告代理店：ジェイアール東日本企画）

04・ジェフユナイテッド市原／ポスター
（広告代理店：ジェイアール東日本企画）

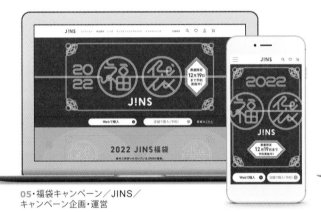

05・福袋キャンペーン／JINS／
キャンペーン企画・運営

06・ハッピーバレンタイン／渋谷ヒカリエShinQs／
WEB（広告代理店：東急エージェンシー）

07・かにを食べに北陸へ／JR東日本／交通広告（広告代理店：ジェイアール東日本企画）

01・苦戦がつづく銚子電鉄。「まずい棒」や「ぬれ煎餅」を売り出すなど、あの手この手で頑張る銚子電鉄を応援する「犬吠埼温泉郷送客キャンペーン」のポスターです。灯台が温泉に浸かっているという象徴的なビジュアルが嬉しい。02・駿台予備学校の2022年新学期生募集広告。これは現役生バージョン。交通広告すべてと学園案内の表紙を当社で制作させていただきました。03・これも、銚子電鉄を応援する「犬吠埼温泉郷送客キャンペーン」のポスターです。こちらは昭和レトロの恐竜をイラストで用いて独特の世界観を狙った作品です。04・ジェフユナイテッド市原のシーズンポスター。たいへん歴史のあるクラブチームです。05・2022年のJINSの福袋キャンペーン。企画から制作、賞品の発送まですべてに携わりました。06・渋谷ヒカリエShinQs「ハッピーバレンタイン」のキービジュアル。WEBとOOHで展開し、渋谷を盛りあげました。07・鉄道での北陸三県への送客を目的に、「かに」を主役にした北陸新幹線のキャンペーン。毎年、SNSで大きな話題を呼んでいます。手前みそですがコピーが素晴らしい。

グラフィック

映像

WEB

アプリ

パッケージ

その他

株式会社アズワン

OAC
会員

CONTACT ADDRESS

〒162-0801　東京都新宿区山吹町333
江戸川橋アクセス5F
03-3266-0081　FAX 03-6265-0018
https://az1.co.jp/
eigyou@az1.co.jp

COMPANY PROFILE

●設立　1996年10月23日　●資本金　4,000万円
●代表者　代表取締役社長　中田 朋樹
●社員数　39人　●クリエイター数　39人
●平均年齢　46才

●会社PR　アズワンは、DTP制作会社としてスタート
しました。その後、仕事の領域を広げ、現在では雑誌や
広告の編集、デザインも行っています。社内には編集
ディレクター、デザイナー、DTPオペレーター、校正者
が在籍し、制作物の企画からフィニッシュまで一貫した
制作体制を敷いています。また、DTP用アプリケーショ
ンの開発・販売、書籍の出版なども行っています。
広告・販促物の制作は、私たちの主力業務のひとつで
す。これらの制作においては、企画、デザイン、ライティ
ング、写真撮影、DTPなど、さまざまなスタッフの連携
が不可欠です。アズワンは、総合制作会社として、お客
様が求める目的に応じて適切な人材を集めてチームを
編成。制作にともなう煩雑な業務の指示・管理の一切を
ディレクターが代行し、ワンストップでの制作体制を可
能にしています。

カタログXCMSで
制作ワークフロー改革しませんか

　すべての業種で生産性向上が求めら
れる時代。印刷物の制作も例外ではあり
ません。アズワンでは、自動組版を使っ
た制作プロセスの合理化をご提案して
います。当社は、1993年に前身となる
会社で事業を開始して以来、自動組版
に取り組んで30年の実績があります。現
在では、年間で1万ページ以上を制作
しており、多くの企業様のカタログ制作
業務において時短、コストダウン、品質
向上を実現しています。自動組版と手動
組版で、どれくらい作業時間に差がでる
のかがわかる比較動画もございますの
で、下記QRコードよりご覧ください。
　アズワンが現在、力を入れているの
が、カタログXCMS®の導入支援です。
カタログXCMS®とは、(株)プロフィー
ルドが提供するサーバー自動組版機能
を備えたカタログ制作ソリューション
パッケージです。このカタログXCMS®
と、国内実績No.1の商品データベース
eBASEを連携させることで、基幹系
データベースとInDesign制作環境を
シームレスに統合。商品情報の管理・
データの受け渡し・内容確認・校正など
のプロセスを自動化して、カタログ制作

の膨大な手間と時間を大幅に削減しま
す。しかも、データ連携だから、制作プロ
セスで発生する誤植・誤掲載も抑止で
きます。導入には制作会社の協力も必
要となりますが、国内有数の実績を誇る
のが、アズワンです。課題をもつ企業様
のために、"システムありき"でなく、真に
課題解決のためのワークフロー改革を
ご提案いたします。

様々なDTPソリューションを
ワンストップで提供

　アズワンでは、雑誌の編集・制作に長
く携わってきた経験を活かし、Adobe
InCopyを使った雑誌制作ソリューショ
ンを開発しました。Adobe InCopyとは、
InDesign環境をもたない人でもテキ
スト編集を行えるようにするソフトで、こ
れを使えば、編集者やライターが直接、
InDesignデータを編集でき、デザイ
ナーに文字修正を依頼する必要がない
ので、制作の効率化を実現できます。
　今までの制作にムダを感じる。制作効
率を上げたい。ミスを防ぐシステムで制
作したい。テレワークに合わせた制作体
制を構築したい。など現状を変えたいお
客様のお手伝いを仕組みで解決するの
がアズワンのソリューションです。

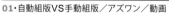

01・自動組版VS手動組版／アズワン／動画

02・自動組版ソリューション読本／アズワン／冊子

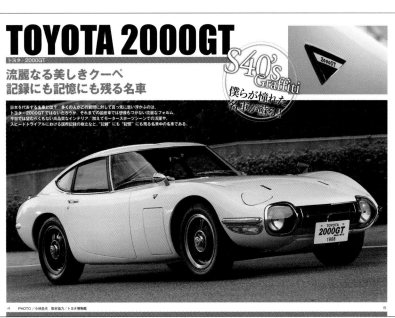

03・懐かしの絶版車カタログ／アズワン／ムック本

01・自動組版と手動組版を比較する動画を作成して自動組版がいかに効率的か啓発しています。どれくらい作業時間に差が出るのか動画リンクQRコードから確認できます。自動組版によってどれだけ作業の時短につながるかがわかる動画です。02・自動組版ソリューションの自社PR冊子。デザインや漫画のストーリー構成を行いました。カタログ制作に自動組版を取り入れることによって、時短とコストダウンにつながることをわかりやすく漫画で紹介しています。03・懐かしの国産名車を集めたムック本。すべての編集・DTP作業について、Adobeの文書作成・編集ソフトInCopyを活用したワークフローで自社編集による書籍出版も行っています。

グラフィック

映像

WEB

アプリ

パッケージ

その他

株式会社
アドブレーン

OAC
会員

CONTACT ADDRESS

〒100-0011　東京都千代田区内幸町1-2-2
日比谷ダイビル2F・12F

03-6457-9112(代表)　FAX 03-6457-9131

https://www.adbrain.co.jp/

office@adbrain.co.jp

COMPANY PROFILE

● 設立　1962年7月　● 資本金　5,200万円
● 代表者　代表取締役社長　喬橋 敏憲
● 社員数　120人　● クリエイター数　108人
● 平均年齢　36.5才

● 会社PR　「頭で描いて、手で作り出し、広く発信する」。アドブレーンは、2022年に創業60周年を迎えた広告制作会社です。創業以来、私たちは社員ひとり一人の個性や能力を大切に、常に時代の流れに敏感に対応した、質の高いクリエイティブを提供してきました。メディアが多様化する今、これからも人の持つ力を最大限に発揮しながら、クライアントとの信頼関係をより確かなものにして歩みを続けます。いつも新しく、もっと前へ。それが私たちの取り組みです。

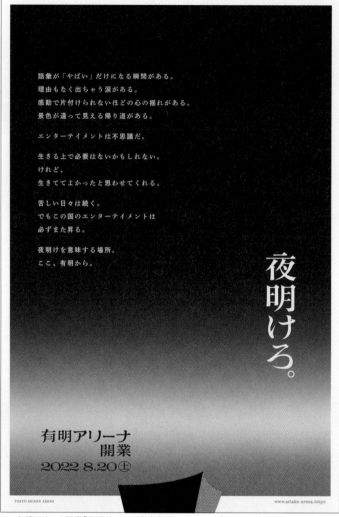

語彙が「やばい」だけになる瞬間がある。
理由もなく出ちゃう涙がある。
感動で片付けられないほどの心の揺れがある。
景色が違って見える帰り道がある。

エンターテイメントは不思議だ。

生きる上で必要はないかもしれない。
けれど、
生きててよかったと思わせてくれる。

苦しい日々は続く。
でもこの国のエンターテイメントは
必ずまた昇る。

夜明けを意味する場所。
ここ、有明から。

夜明けろ。

有明アリーナ
開業
2022 8.20㊏

TOKYO ARIAKE ARENA　　www.ariake-arena.tokyo

01・有明アリーナ開業「夜明けろ。」/東京有明アリーナ/ポスター・交通広告など

02・企業広告「躍動のとき」/みずほフィナンシャルグループ/OOH・新聞など

03・UQ mobile「UQUEEN」シリーズ／KDDI株式会社／OOH・店頭販促物など

04・ヴァロットン―黒と白／三菱一号館美術館／
展覧会ポスター・チラシなど

05・UQ mobile「UQUEEN」シリーズ／KDDI株式会社／WEB

06・ネピア ネピネピティシュ200／
王子ネピア株式会社／パッケージ

07・企業広告2022／株式会社パイロットコーポレーション／新聞15段・OOHなど

08・日清焼そば U.F.O.／
日清食品株式会社／店頭販促物・WEBなど

01・有明アリーナの開業という、エンターテインメントの新たな幕開けを、朝焼けの空の色のグラデーションと力強いキャッチコピーで表現しました。02・みずほフィナンシャルグループの東京2020協賛キャンペーン「JUMP!」のポスター。大舞台で戦うアスリートたちと、彼らを目にして自分自身も前に進もうと決意する主人公の姿をダイナミックな筆使いのスポーツアートで描きました。03／05・ブランドの新たなシリーズを始めるにあたり、いわゆるスマホの広告っぽいビジュアルではなく、映画のワンシーンを切り取ったような表現を目指しました。04・独自の視点で作り出されるヴァロットンの木版画を、シンプルなデザインで際立たせています。06・ネピネピブランドのボックスティシュのパッケージ。花柄をモチーフにシンプルでありながら印象に残るようデザインしています。07・「人と創造力をつなぐ。」というテーマで制作した新聞15段×3シリーズです。創造する人にスポットを当て、具体的なPILOT商品を使って作品を生み出してもらい、それを原稿にしました。08・濃くて旨いから売上NO1。濃い濃いソースを『濃いタレント』と『濃いアーティスト』のコラボで表現し、ビジュアルも濃厚に仕上げました。

株式会社
ウィルコミュニケーション
デザイン研究所

OAC
会員

CONTACT ADDRESS

[東京オフィス]〒103-0001　東京都中央区日本橋小伝馬町12-9 東京滋賀銀行ビルディング6F
03-5651-3002　FAX 03-5651-3007
[大阪オフィス]〒550-0014　大阪市西区北堀江1-3-24 ルイール北堀江3F
06-6537-1901　FAX 06-6537-1920
https://www.wcd.co.jp
kida@wcd.co.jp(担当：木田)

COMPANY PROFILE

●設立　1996年12月24日　●資本金　1,000万円
●代表者　代表取締役社長 矢野 桂司
●社員数　28人　●クリエイター数　28人
●平均年齢　39.8才

●**会社PR**　私たちの名刺の裏には"What is communication?"と書いてあります。まだコミュニケーションデザインという言葉が浸透していなかった24年前、私たちは、これからの新しいコミュニケーションを探求していきたいという決意を胸に、創業しました。その当時の想いがこの言葉に込められています。
　いま、テクノロジーによっていろいろなモノゴトの意味が変わっていくなかで、新しい切り口や表現から考えていくことは、リスクとなってしまいました。生活者の一人として課題やベネフィットを考察し、商品やサービスが生活者はもちろん、社会にとって、どうあるべきかを再定義する。それをもとに生活者のタッチポイントを考えて、適したコミュニケーションを構築していく。なかなかひと筋縄ではいかない難しい時代ですが、裏を返せば、新しいモノ、オモシロイコトを生み出せしていける時代。日常の再定義こそ、既知のイノベーションであり、私たちがやるべきこと。「多様性」をキーワードにこれからも進み続けて行こうと思っています。

01・雪塩ちんすこう15周年／南風堂／WEBサイト

02・雪塩ちんすこう15周年／南風堂／パッケージ

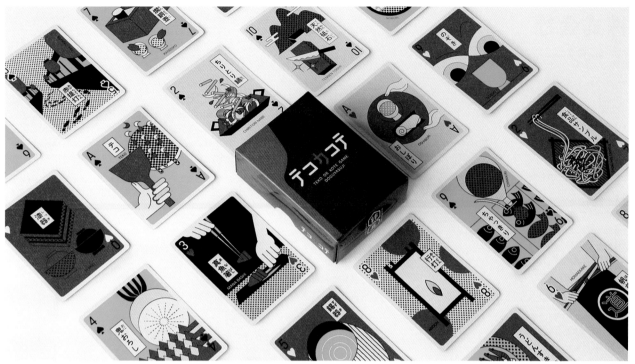

03・テコカコテ／千日前道具屋筋／カードゲーム

04・絆具（TSUNAGU）／千日前道具屋筋／WEBサイト

05・ブランド紹介／タッパーウェアブランズ・ジャパン／カタログ

06・Cyclingood／シマノ／フリーペーパー

07・Cyclingood／シマノ／WEBサイト

01・02・沖縄のお土産の定番、雪塩ちんすこうの発売15周年を記念してスペシャルサイトと、ビキニを着たキュートな雪塩ちんすこうの限定パッケージを制作しました。03・調理道具のプロ集団、大阪・千日前道具屋筋商店街と、遊びながら料理道具を覚えられるオリジナルカードゲームを開発。コロナ禍で自粛生活が続く地域の小学校に寄贈し喜んでもらいました。04・先人の築き上げてきた文化を未来につなぐことを目的に、大阪・千日前道具屋筋商店街が立ち上げた伝統道具の統一ブランドの紹介しています。05・タッパーウェアブランドを紹介するとともにタッパーウェアのあるライフスタイルを提案しています。06・07・自転車が便利な移動手段としてだけではなく、楽しみながらココロやカラダが健康になる存在であることをフリーペーパーとWEBサイトで幅広い層に伝えています。08・自転車を楽しむ拠点として、季節の食材を味わうカフェとして、イベントスペースとしてなど、さまざまな顔をもつOVE南青山を紹介しています。

株式会社
エージー

OAC
会員

CONTACT ADDRESS

〒104-0061　東京都中央区銀座3-7-3
銀座オーミビル4F

03-6826-3410　FAX 03-6826-3420

http://www.azinc.co.jp

担当：人事総務

COMPANY PROFILE

● 設立　1962年7月　● 資本金　5,005万円
● 代表者　代表取締役社長　秋元 敦
● 社員数　59 人　● クリエイター数　35人

● **会社PR**　商品やサービスを伝えるだけでなく、企業の「こころ」まで届けたい。エージーは1962年、この志のもとに創業以来、いくつもの時代、いくつもの企業のパートナーとして、価値の高いクリエイティブを提供し続けています。エージーはただの「老舗」でも、ただの「広告制作会社」でもありません。ブランディングからプロモーション戦略までメディアの枠にとらわれず、マーケティング視点からユニークな提案ができる業界屈指のコミュニケーション・クリエイター集団として、企画戦略、メッセージ、デザイン、映像などすべてを創出します。

01・飲料・食品・調味料パッケージ／カゴメ／パッケージ

02・スミノフ／キリン・ディアジオ株式会社／原宿ポスタージャック

03・映画「クレヨンしんちゃん」名シーン原画美術館／東京スカイツリータウン　シンエイ動画／
交通広告

04・URBAN SPORTS TOKYO 2022／みずほ銀行／B2ポスター

05・東京ドームシティ　新生活応援キャンペーン／株式会社東京ドーム／ポスター、館内装飾、交通広告、動画など

06・新東名　周年広告／NEXCO中日本／ポスター、新聞など

07・野菜生活100季節限定シリーズ　プロモーション　教えて農家さん／カゴメ／AR、LP、店頭動画、SNS、パッケージなど

08・日本公認会計士協会サステナビリティサイト／日本公認会計士協会／WEB

09・カゴメ歴史ムービー／コーポレート／カゴメ／屋外サイネージ

10・カゴメ360°体験ムービー■（野菜生活ファーム）／カゴメ／店頭体験型動画

11・万引き防止広報／警視庁／ポスター、動画

01・素材の品質や美味しさ感を強調し、店頭で魅力が引き立つようデザインしています。02・スキススメを合言葉に、「スキ」の熱量で世の中をアツくさせるプロジェクトの入口としてポスタージャックをしました。03・東京スカイツリー×映画クレヨンしんちゃんの周年コラボ企画。歴代映画より名シーンの原画を厳選。スカイツリーの沿線を車内ジャックで展開。04・アーバンスポーツのライブ感、ファッション性など、より自由なスポーツの楽しみ方を表現。05・東京ドームシティで実現可能な体験価値を伝えるために「TRY!○○」という挑戦願望を表すコピーをメインに構成した、新生活応援キャンペーンのポスターです。06・新東名高速道路、開通10周年の広告。「まだ10才」をコンセプトに、まだまだ成長、進化していく伸びしろのある道路だということを伝えました。07・ARをメインコンテンツとし「旬の国産果実の美味しさを全国へ」というブランド価値の認知拡大につなげました。08・信頼・人とのつながりをコンセプトに、協会のサステナビリティへの前向きなビジョンを表現しました。09・カゴメ創業の地である名古屋ビルの街頭向け短尺動画。ロゴの成り立ちから歴史を歩行者向けに短尺でまとめました。10・富士見町の野菜生活ファームを、名古屋ビルはじめ全国で３Dゴーグルを用いてバーチャル体験できる360°動画。目線の高さや距離感などリアルな体験感覚を追求しました。11・警視庁、万引き防止の広報。「万引きが奪うのは、商品だけではありません」というメッセージとともに、被害者側の涙や悲しみを表現しました。

グラフィック

映像

WEB

アプリ

パッケージ

その他

fp design
株式会社

CONTACT ADDRESS

〒604-0022　京都市中京区室町通御池上る
御池之町296

075-708-6814

https://fpdesign.com

japan@fpdesign.com（担当：栗本）

COMPANY PROFILE

● **設立**　2018年7月24日　● **資本金**　100万円

● **代表者**　代表取締役 金子 浩

f/p design

● **会社PR**　fp design 株式会社はドイツ・ミュンヘンを本拠地とする f/p design gmbh の日本法人として設立されました。f/p design はプロダクトデザインやウェブデザイン、グラフィックデザインの制作をはじめ、企業のデザイン戦略やCIに関するコンサルティングに至るデザイン業務を、スタートアップから大手企業まで幅広いお客様に提供してきました。現在はミュンヘン、ベルリンと京都の 3 拠点でデザインチームが連携して、グローバルに活動を展開しています。

industrial design
interface design
architectural design
communication design
brand design
design consulting

受賞歴
グッドデザイン賞 金賞、ジャーマンデザインアワード金賞、DDCデザインアワード 金賞、iFプロダクトデザインアワード 金賞、レッドドットデザインアワードなど、f/p design は設立から22年間で世界各国の75以上のデザイン賞を受賞しました。

01・はしご兼用脚立 RA、2連はしご LX2／長谷川工業株式会社／プロダクトデザイン、パッケージデザイン

02・グローバルサイト／オーデリック株式会社／WEBデザイン、アートディレクション

03・コーポレートロゴ／株式会社タカミヤ／CI

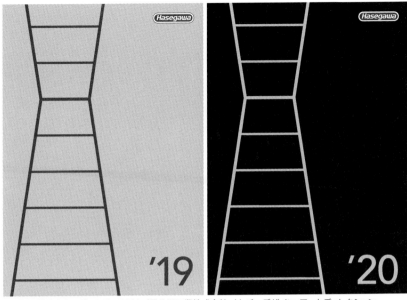

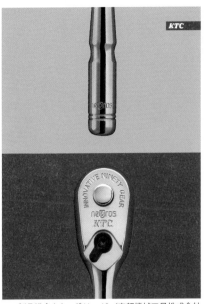

04・製品総合カタログ 2019、2020／長谷川工業株式会社／カバーデザイン、アートディレクション

05・製品総合カタログ No. 40／京都機械工具株式会社／カバーデザイン、アートディレクション

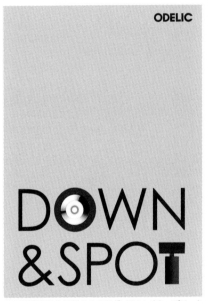

06・製品総合カタログ 2021、2022／オーデリック株式会社／カバーデザイン

07・建築設計向け製品カタログ 2021／オーデリック株式会社／カバーデザイン

08・ロビーチェア ANIKA／コクヨ株式会社／プロダクトデザイン

09・歯科用スケーラー Solfy F／株式会社モリタ製作所／プロダクトデザイン、UIデザイン、カタログデザイン

株式会社オンド

CONTACT ADDRESS

〒107-0062　東京都港区南青山5-10-2
第2九曜ビル5階

03-3486-1460　FAX 03-3486-1461

http://www.onde.co.jp

info@onde.co.jp

COMPANY PROFILE

●設立　1999年10月　●資本金　1,000万円

●代表者　佐藤 章

●社員数　31人　●クリエイター数　24人

●会社PR　ダイレクトマーケティングをはじめとした
セールスプロモーションの、企画から媒体制作までを
一貫して行うことにより、企業の"想い"を生活者に的
確に届けるためのサポートをいたします。
経験豊富なベテランから笑顔が絶えない若手まで、個
性豊かなスタッフが目指しているのは、効率を求めるク
リエイティブより情熱を持った血の通うクリエイティブ
です。

●業務内容

○各種販促ツールの企画・制作

○ブランディング戦略の構築（Brand DNA）

○クリエイティブエキスパートによる販促ツール評価（XPP®）

○ネットリサーチによるユーザーインサイト調査（XPR®）

●採用計画

○新卒採用：グラフィックデザイナー若干名

○中途採用：業務拡大に応じて随時（プロデューサー/
コピーライター/ Gデザイナー/ Webデザイナー）

●待遇と勤務

初任給：198,000円（2022年度新卒実績）＊中途採用
については、実績と能力を考慮し決定　昇給：給与改定
（年1回）　賞与：会社業績に応じて決定　勤務時間：
10：00〜18：00（裁量労働制）　休日・休暇：週休2日
（土・日）、祝日、年末年始、夏季休暇、年次有給休暇

福利厚生：社会保険完備（健康・厚生年金・雇用）
・定期健康診断・会員制リゾートホテル及び施設の利用

●採用のポイント

元気の良さ、素直さ、そして笑顔。人柄は自ずと仕事に
現れます。協調性と積極性を持ち、目標に向かって仕事
に取り組める方の応募をお待ちしています。

01・ライトアップショッピングクラブ／各種カタログ

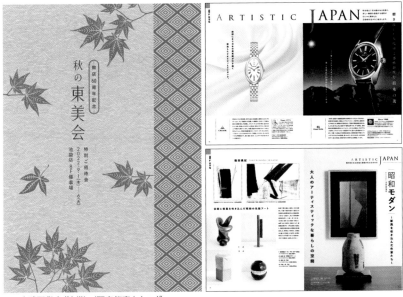

02・東武百貨店（池袋）／顧客催事カタログ

03・東武百貨店（池袋）／キャンペーンポスター

04・東武百貨店（池袋）／ランドセルカタログ

05・東武百貨店／ギフトカタログ

06・東武百貨店（船橋）／新聞折込

07・ショップチャンネル／カタログ

08・ハッスル★マッスル／オフィシャルサイト

09・ハッスル★マッスル／イベントスタッファ

10・紀ノ国屋／新聞折込

クリエイティブ
コミュニケイションズ
株式会社レマン

**OAC
会員**

CONTACT ADDRESS

📍 〒150-0002　東京都渋谷区渋谷1-19-25

📞 03-3407-1013（代表）　📠 03-3407-1598

🌐 https://www.cc-lesmains.co.jp

✉ info@cc-lesmains.co.jp

COMPANY PROFILE

● **設立**　1978年10月1日　● **資本金**　4,800万円

● **代表者**　代表取締役社長　大橋 清一

● **社員数**　91人　● **クリエイター数**　86人

● **平均年齢**　40.6才

● **会社PR**　1978年の創業以来、私たちCCレマンが大切にしていること。それは、お客様と直接対面し、価値観や課題を共有したうえで、お客様にとって真に必要とされるコミュニケイションを創作すること。クリエイターの自己満足でも、エゴでもなく、お客様の笑顔を原動力とすること。私たちは、このDNAを引き継ぎ、発展させながら、つねに時代に応じたコミュニケイション領域に対応し、戦略やコンセプトの策定から実際の施策にいたるまで、ワンストップでご提案・ご提供しております。

事業概要／企業のコミュニケイション活動全般における、上流のコンセプト設定から各種メディアに対応したワンストップの企画制作業務。キャンペーン企画、新聞・雑誌広告制作、TV-CM、ラジオCM制作、VP制作、カタログ・ポスター等制作、SP企画、イベント企画、パッケージ・POP・ディスプレイ制作、CI企画制作、PR誌等の編集、ホームページ制作・バナー広告・e-トレードコンテンツなどWEB関連制作物の企画制作。

関連会社／株式会社ディーブリッジ

主なクライアント／本田技研工業、P&G、リコー、セコム、ミサワホーム、京浜急行電鉄、メットライフ生命保険、三井住友銀行、三井製糖、タカラベルモント、伊勢半、パラマウントベッド、LIXIL　など

01・CIVIC TYPE R／本田技研工業／WEB

02・AZ-Air／セコム／YouTube動画

03・ピトレティカ2022／タカラベルモント／リーフレット&ガイダンスブック

04・RICOH THETA X／リコー／プロモーション
動画

05・AGS／日本音響エンジニアリング／プロモー
ション動画

06・SUGAR CHARGE!／シュガーチャージ推進
協議会／WEB動画

01・歴代TYPE Rが受け継ぐブランドに共感し、モノづくりを深く理解できるWEBサイト。スポーツカーファンの期待に応える存在感と情報量を目指しました。02・「あまり詳しくない人が伝えるからこそ、伝わる」をコンセプトに制作。女性の軽妙な語り口で、新しいセキュリティの魅力を平易に表現しました。03・ライフステージの異なる3人の女性と各製品の特性をリンクさせ、ストーリー性を重視したブランドビジュアルを制作しました。04・浮遊感ある実写とロケ撮影、作例をあわせ、360°カメラが広げる写真・映像の可能性を表現。グローバルでの使用を想定し、全編英語で制作しました。05・理想的な音響空間を実現するために。緻密に設計・製造・品質管理されていることを、それぞれのパートに分け、プロモーション動画として制作しました。06・お砂糖は、がんばったカラダ・アタマ・ココロの大切なエネルギー源。お菓子を主役にしながら、お砂糖を摂ることのメリットをやさしく訴求するWEB動画です。

有限会社サイレン

CONTACT ADDRESS

〒153-0051　東京都目黒区上目黒1-5-15
第三フレンドビル 4F

03-5721-1278　FAX 03-5721-1278

http://www.siren-japan.com

info@siren-japan.com（担当：ミツボリ）

COMPANY PROFILE

● 設立　1991年7月29日　● 資本金　300万円
● 代表者　代表取締役社長　三堀 大介
● 社員数　4人　● クリエイター数　4人
● 平均年齢　36才

● 会社PR　ドラマチックな世界観を一枚のグラフィックに封じ込めた「感情を喚起させるイメージ」を志向するデザイン事務所です。

映画・演劇・ドラマ・音楽・アート・スポーツなどエンターテインメント全般を中心にノンジャンルに展開しております。キーヴィジュアル・合成加工・ロゴ開発・販促ツール展開からパッケージまであらゆる展開物をお手伝いいたします。

2015年よりNETFLIX社と提携し配信業界最先端の技術仕様にも準拠、印刷物に限らずスマホからサイネージまでディスプレイ表示をターゲットにした視認性も追求しています。

01・映画『さかなのこ』／東京テアトル／ティーザーポスター

02・映画『さかなのこ』／東京テアトル／ポスター

03・映画『神は見返りを求める』／パルコ／ポスター

04・映画『茶飲友達』／ENBUゼミナール／ポスター

05・映画『ひみつのなっちゃん。』／ラビットハウス／ポスター

06・映画『エゴイスト』／東京テアトル／ポスター

株式会社
サクラアルカス

OAC
会員

CONTACT ADDRESS

〒457-0071　名古屋市南区千竈通6-35
052-822-4488　FAX 052-822-5592
https://www.sakura-pr.co.jp/
skr-somu@sakura-pr.co.jp（担当：西垣）

COMPANY PROFILE

● 設立　1972年4月1日　● 資本金　1,200万円
● 売上高　20億2,400万円（2021年9月決算）
● 代表者　代表取締役社長　野々村 昌彦
● 社員数　82人　● クリエイター数　60人
● 平均年齢　38才

● 会社PR　企業の広告宣伝・販促支援など、マーケティングコミュニケーション上のあらゆる課題を解決するためのソリューションをご提供しています。DX時代に突入し、人々のコミュニケーションはデジタル（オンライン）の世界へと大きくシフトしましたが、すべて企業と人の最終的なタッチポイントはリアル（オフライン）であると考え、常にシームレスでハイブリッドなご提案をさせていただいています。
オンライン領域としては「webサイト・オウンドメディア・映像コンテンツ・ソーシャルメディア広告・リスティング広告・24時間SEO対策・オンライン展示会DEXPO・webコンサルティング」など。また、オフライン領域としましては「グラフィックデザイン・SPツール・プリント・プロダクト開発・展示会開催（他にも多数）」などの取扱いがございます。
コミュニケーションデザインの力で社会を豊かにすることが、わたしたちのミッションです。「企業と企業、企業と消費者を結ぶあらゆるコミュニケーション」に関わるコンテンツの企画・制作を行い、私たちが信じてやまない「クリエイティブの力」で課題を解決いたします！

コミュニケーション上の課題を解決するために欠かせないクリエイティブの力！

私たちは名古屋で印刷会社として創業し、50年の歴史を持つ会社です。今でもおかげさまで印刷事業におけるたくさんのお取引きに恵まれていますが、Web2.0時代（2000〜2010年頃）からの急速なインターネットの普及を追いかける形で、当社も約20年ほどweb制作事業に注力してきました。
これまでも「自らの商品やサービスで、社会を豊かにするために頑張っている全国の企業・団体様」と向き合い伴走してきましたが、すべて課題も解決方法も「百人百様」。こちらが準備しておいた万能解決プランを提供したらすべて完了！なんて事案は何一つありません。ご担当者様や経営トップと正面から向き合いながら、どんなプランが最適なのか、毎度検討いたします。
さて少し話は変わりますが、クリエイティブを構成する要素（文字・写真・イラスト・図形・背景）には、さまざまな問題解決のための導きがあります。そして、デザインは「計算された戦略と、計算式では表現できない情緒的な仕掛け」によって完成されます。
売りやサービスの現場に寄り添ってきたサクラアルカスでは、新たなお取引先様と出会い、課題と真摯に向き合うことで戦略プランを導き出します。そして、丁寧にクリエイティブに落とし込んでいきます。逆に言えば「クリエイティブの中にこそ、企業の戦略メッセージが表現されている」ということになります。
当たり前のようで難しいこの取組みを、これまでも実直に続けてきました。クリエイティブに宿る「戦略」と「想い」を大切に表現する。これがサクラアルカスという会社の特徴なのです。
名古屋本社・東京オフィスとあわせてクリエイティブに関わるスタッフの数は現在60名。時には、仕事の性質によっては、当社と緊密な連携ができている外部パートナーとも協業します。アートディレクターの采配でクリエイターをアサインすることで、より最適なクリエイティブをご提供できるようになります。
現在は中部・関東・関西を中心に全国の企業・団体様と幅広くお取引きさせていただいております。web商談なども柔軟に対応いたしますので、まずはお気軽にご相談ください。
そうそう、最近ではリアル展示会とあわせてオンライン展示会プラットフォームDEXPO（dexpo.jp）のお問い合せが急増中。ぜひ、当社公式ホームページもチェックしてみてください。

01・優良企業ガイド・エラベルオンライン2023／東京商工リサーチ／オンライン展示会（DEXPO）

02・トーストレシピブック／パロマ／パンフレット

03・2023学校案内／横浜デザイン学院／パンフレット

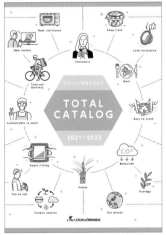

04・総合商品案内／リスパック／カタログ

05・青果物専用容器案内／リスパック／カタログ

06・大学案内／東海学園大学／WEBサイト

07・GLOBAL APPEAL 2022／笹川保健財団／WEBサイト

01・就職活動を行う大学4年生向けの合同説明会をオンラインにて開催。プラットフォームは自社開発商品「DEXPO」を使用しています。02・トーストのレシピ本ということがひと目で分かる表紙と、楽しく、美味しそうに見える写真演出とデザインにこだわりました。03・明るい校風と爽やかな学生の雰囲気を大切に、撮影も含めてトータルにデザインしています。04・プラスチックの環境への影響が問題になっている昨今、循環型社会への取り組みを行っているクライアントの姿勢を化学式をモチーフに表現しました。05・青果市場をイメージし、鮮度感とパッケージの品質が際立つよう、周囲の青果は全て緑色で統一しています。06・受験生だけでなく在学生、保護者、教員など、さまざまな訪問者が目的の情報に最短でアプローチできるユーザビリティやUI設計を強く意識したWEBサイトを目指しました。07・ハンセン病に対する不当な差別を終わらせることを広く呼びかけるWEBサイトとして、日本語はもちろん英語・フランス語・ポルトガル語など9言語に対応したグローバルなウェブサイトとなっています。

サン・クリエイティブ
株式会社

OAC
会員

CONTACT ADDRESS

〒105-0003　東京都港区西新橋2-13-3
西新橋二丁目ビル 2F
03-5501-0005　FAX 03-5501-0006
http://www.sun-cre.jp
info-sc@sun-cre.jp（担当：髙岡）

COMPANY PROFILE

- 設立　2013年8月2日
- 代表者　代表取締役社長 渡辺 直穂子
- 社員数　8人＋ネットワークスタッフ
- クリエイター数　8人

● **会社PR**　愛と知恵とクリエイティブと。
私たちはスピーディな対応力でトータルサービスを
ご提供します。
よりクオリティ高く、効果的なクリエイティブワークを行
うために、私たちはコミュニケーションを一番大事にし
ています。クライアントの声を引き出す力、聞き出す力、
そしてエンドユーザーの声を聞く力、トレンドを見る力
などなど…私たちは既成概念や枠にとらわれず、いつ
も最適なソリューションをご提案します。
私たちには3つのミッションがあります。
1）企画の基となるのはマーケティングリサーチ。
コンセプトづくり、テーマ設定から調査、立案まで。
特に航空＆旅行業界において、さまざまな需要に多角
的に対応してまいります。
2）目に見えないサービスにおいて、販売に結びつけ
るためのさまざまな仕掛けをご提案します。
グラフィック、WEB問わず、動画やイベントまで最適な
セールスプロモーションをご提案します。
3）私たちはデザインに意思があり、普遍的な意思を
備えているクリエイティブをつくり続けます。

01・ANAふるさと納税／全日本空輸株式会社・ANAあきんど株式会社／ポスター

02・ANAふるさと納税／全日本空輸株式会社・ANA X株式会社／LINEバナー

キャンペーンネーミング＆ロゴ

デジタルサイネージ

03・海外旅行再開に向けたセールスプロモーション／台湾観光局・台湾観光協会／キャンペーンネーミング＆ロゴ・WEBサイト・デジタルサイネージ・ノベルティ

キャンペーンネーミング＆ロゴ

©JATA

ノベルティ

パーティションカバー

04・海外旅行再開に向けたセールスプロモーション／日本旅行業協会（JATA）／キャンペーンネーミング＆ロゴ・各種ノベルティ

01・日本最大の国内線ネットワークを誇る航空会社として、ANAマイレージ会員と国内各地をつなぎ地方創生を目的とした「ANAのふるさと納税」。その利用促進を目的としたポスターです。各地域の特産品をイラストを用いて日本地図を形成。また日本地図をANAのふるさと納税のロゴカラーを用い、青緑のグラデーションを採用することで「ANAらしさ」を表現しています。**02**・ANAのLINE公式サイトに登録しているお客様に向けた利用促進のためのキャンペーンバナー。スマホの限られたスペースで「ANAらしさ」を表現するためのキーカラーを選定しています。**03**・COVID-19前の2019年には約217万人の日本人観光客を迎えていた台湾。海外旅行再開に向けキャンペーンのマイルストーンを設定。キャンペーンのネーミングとロゴは「台湾との心のつながり、いよいよ旅が始まるという期待」を込めて制作（2022年2月）。2022年10月現在もWEBサイトにて「台湾の毎日」をお伝えしています。**04**・COVID-19により翻弄された航空・旅行業界。〈一般社団法人 日本旅行業協会（JATA）〉は旅行需要の拡大と旅行業の発展を目的とし現在旅行関連業者1,800余社が登録。2021年2月に立ち上げた「海外旅行促進キャンペーン」も幾度となく座礁に乗り上げ2022年5月に本格始動。"海外旅行が始まるウキウキ感""海外を旅する事で元気がでるイメージ"をダイレクトに伝えるネーミングを考案。ロゴはビタミンカラーを採用しました。東京・大阪で開催したイベントで使うパーティションカバーや各種ノベルティグッズを制作し、キャンペーンの統一感を促進しました。

株式会社
シーズ広告制作会社

CONTACT ADDRESS

大阪本社
〒530-0037　大阪市北区松ヶ枝町6-11
SEASビル
06-6351-6673　FAX 06-6351-6415
http://www.c-seas.co.jp
info-seas@c-seas.co.jp

東京本社
〒150-6139　東京都渋谷区渋谷2-24-12
渋谷スクランブルスクエア39F
03-5778-4123　FAX 03-6700-6866
http://www.c-seas.co.jp
info-tokyo@c-seas.co.jp

関連会社
株式会社シーズシティーグループ

COMPANY PROFILE

- **設立**　1990年7月　● **資本金**　9,800万円
- **売上高**　9億5,000万円（2022年度決算）
- **代表者**　代表取締役社長　篠原 仁郎
- **社員数**　45人　● **クリエイター数**　42人
- **平均年齢**　41才（グループ全体）

設計：安藤忠雄氏

- **会社PR**　シーズ広告制作会社はグラフィックデザインを主軸に、企画、販促企画、ブランド戦略、カタログ制作などを手がける総合プロダクションです。大阪・東京を拠点とし、各チームがプロジェクトごとに、グラフィック・WEB・撮影・企画・ブランディングなど、多岐にわたるクリエイティブサービスを提供しています。大阪本社・東京支社ともに営業職が存在しないクリエイティブスタッフ中心の組織体制は、グループ創業から40年以上変わることなく、代理店や大手企業の系列に属さない独立系制作会社として常にきめ細かな対応を心がけ、お客様が納得いただけるアウトプットをご提供します。

01・クラフトジン／沼津蒸留所・Ginpsy／ラベルデザイン・ブランディング・プロモーション

02・撮影スタジオ七彩工房／紹介ブック

03・20NEO（ニーゼロネオ）／株式会社Hug&Smile／ラベルデザイン・WEBサイト

04・Fodyou・レトルトカレー／永和ホールディングス株式会社／パッケージデザイン・ブランディング・WEBプロモーション

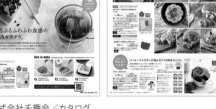

05・大好き！手作り kura labo／株式会社千趣会／カタログ

01・企画専門集団Ginpsyと沼津蒸留所とのコラボチームによる特産にこだわった新たなジンの開発販売。静岡県沼津の立地を印象づけるクラフト酒らしいラベルデザインを採用。デザインだけでなく、商品開発・イベント施策等も従事。02・創業60年の歴史を持ち、50名以上の撮影スタッフが在籍する広告撮影スタジオ「七彩工房」の事業案内リーフ。03・現代人に寄り添う新次元スキンケアブランド、20NEOに「ライフスタイルライン」が新登場。容器ラベル・化粧箱・リーフレット・WEBデザイン制作、撮影。04・"低フォドマップ"にフォーカスした食品ブランド「Fodyou」（フォーユー）の立ち上げおよびブランド構築。開発第一弾商品である日本で初めて、FODMAP　Friendly認証を取得した「たまねぎ・にんにく・小麦粉を使っていないレトルトカレー」のパッケージデザインおよびWEBプロモーションなど、ブランディング全般を担当。05・2008年創刊から続く手作りカタログ。※kura labo（くららぼ）＝「暮らし」＋「手作り」＋「ラボラトリー（研究所）」の略。

株式会社
スタヂオ・ユニ

OAC
会員

CONTACT ADDRESS

📍 〒160-0022　東京都新宿区新宿2-19-1
　　ビッグス新宿ビル6F
📞 03-3341-0141　📠 03-3341-0145
🌐 http://www.studio-uni.com
✉ info@studio-uni.com

COMPANY PROFILE

● 設立　1958年8月1日 ● 資本金　1,000万円
● 売上高　10億円（2022年4月決算）
● 代表者　代表取締役社長　佐藤 昭一
● 社員数　74人　● クリエイター数　63人
● 平均年齢　44才

● 会社PR　スタヂオ・ユニは、半世紀以上の長きに
わたり、国内最大手の百貨店グループをはじめとした
クライアントの広告戦略・制作に携わってきました。
その歴史の中で信頼をいただくために心がけてきた
こと。それは、時代や手法、広告を取り巻く環境に
フィットし続けることです。

紙媒体がプロモーションメディアとして全盛だった時
は過ぎ去り、いまはWEBを中心としたデジタルプラッ
トフォームの時代。この大きな変化の中でも、クオリ
ティとスピードを落とすことなく、クライアントの課題
を解決するためのアイデアやアウトプットの研鑽と、
組織としての体制を整え続けてきました。

変化の激しい広告業界の中で、環境や新しいニーズ
に適応していく力。そして、期待を超えるクオリティを
追求し、真摯に取り組む姿勢。それが、スタヂオ・ユニ
の考えるクリエイティブの力です。

クリエイティブ＆ストラテジーメニュー：
○CI・BI・VI　○印刷物　○WEB　○WEB運用/レポー
ティング/コンサルティング　○映像　○プロダクトデザ
イン　○データマーケティング　○広告・プロモーショ
ン戦略　○コンテンツマーケティング　ほか

01・Tokyu Department Store Christmas 2022／株式会社 東急百貨店／
ポスター・動画・WEBサイトほか

02・NAKANO STYLING TANTO年間キービジュアル／中野製薬 株式会社／ポスター他

03・絵本すいぞくかん／アクアマリンふくしま
（公益財団法人ふくしま海洋科学館）／ロゴ・会場
装飾・ポスター・動画ほか

04・新宿ミロード 春の"あげちゃう"祭り／
株式会社 小田急SDディベロップメント／
抽選システム・ポスター・装飾・動画ほか

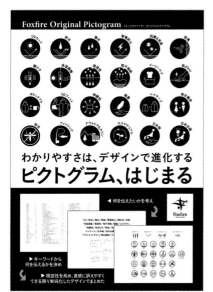

05・Foxfireオリジナルピクトグラム／
株式会社 ティムコ／ポスターほか

06・SWEETS COLLECTION 2022／株式会社 三越伊勢丹／
カタログ

07・WALLET SELECTION by TOKYU HANDS／
株式会社 ハンズ／WEBサイト

08・三越伊勢丹のランドセル 2023／
株式会社 三越伊勢丹／カタログ

09・みどりの風／住友林業レジデンシャル
株式会社 ／会報誌（A4×28ページ）

10・カスタム・カー・コンテスト 3」instagramキャンペーン
企画／株式会社 ウェッズ／WEBサイト・店頭ポスター・雑
誌広告ほか

01・アップデートする東急百貨店とともに、ワクワク感のあるクリスマスを楽しみませんか？というメッセージを表現しました。02・BE FREEをテー
マに、男女問わず自由にスタイリングを楽しめるをコンセプトに。03・絵本「スイミー」とアクアマリンふくしまのコラボ企画。タイトルロゴをはじめ
会場装飾やフォトスポットの小道具、動画などを制作しました。04・LINEにレシートを投稿してその場で抽選できる仕組みのキャンペーン。システ
ム開発からキービジュアルまでを企画制作しました。05・「Foxfire」の製品特性を「デザインで整理する」ためのピクトグラムを作成。将来的には商
品タグや店内POPにも拡大活用予定。06・表紙には蛍光インクを使用。形態にもこだわり、紙ならではの表現を毎年追求しています。07・「それは、
語れる財布」をテーマに、おすすめの財布を紹介する「WALLET SELECTION by TOKYU HANDS」の企画・クリエイティブを担当。08・親子で楽
しみながら見られるよう、お子さま向けのぬりえなど、遊びを散りばめて構成しました。09・住友林業グループの賃貸住宅不動産オーナーに向けた
会報誌（年4回発行）を特集企画〜撮影も含め、制作を担当。10・自動車のカスタムホイールメーカー、ウェッズの「ファン化施策」を企画提案。類似
企画が同業他社で後発し、業界におけるD2Cの新しい流れを作りました。

株式会社スパイス

& スパイスグループ：アドソルト / セサミ

OAC
会員

CONTACT ADDRESS

〒107-0052　東京都港区赤坂2-14-5
Daiwa赤坂ビル
03-5549-6130　FAX 03-5549-6133
https://spice-group.jp
info@spice-group.jp

COMPANY PROFILE

- **設立**　1984年3月30日　● **資本金**　5,100万円
- **売上高**　21億9,000万円（2022年7月決算）
- **代表者**　代表取締役社長　東海林 鉄男
- **社員数**　190人　● **クリエイター数**　160人
- **平均年齢**　34.6才

● **会社PR**　「こころを繋ぎ、たゆまぬ進化を」スパイスグループは1984年の創立以来、常に時代の先を見つめながら日々進化を重ね、現在ではグラフィックデザインをはじめ、WEBデザイン、3DCG、動画制作、モーションキャプチャの輸入販売、スタジオ運営まで行うクリエイティブエージェンシーへと成長してきました。昨日の成功事例が今日はもう通用しないほど変化の激しい広告業界で、これからもクライアント様の要求に高いレベルでお応えするために、有機的な事業展開、組織編成、そして人員配置を行っていきます。最適解を導くための、一切の変化を恐れません。これから先、想像もしないようなテクノロジーが生まれ、これまでのセオリーがまったく通用しない状況が訪れても、スパイスグループはこれまで同様、変化を喜び、進化への糧にしていきます。

01・新潮文庫の100冊／
株式会社新潮社／店頭ポスター

02・Y!モバイル／ソフトバンク株式会社／
店頭ポスター／©赤塚不二夫／ぴえろ

03・企業広告「水から、ドラマチックに。」／SANEI株式会社／ODM

04・ゆず／株式会社スパイス／デジタルヒューマン

05・大餡吉日／株式会社コメダ／
屋号ネーミング、ロゴ開発、包装資材一式

06・カンガエルーノプラスチック削減／
一般社団法人日本百貨店協会／ポスター

07・望遠ズームレンズ 70-300mm F/4.5-6.3 Di III RXD／TAMRON／製品サイト

08・NTTコミュニケーションズ シャイニングアークス東京ベイ 浦安ARイベント／NTTコミュニケーションズ／ARコンテンツ

09・森永ビスケット／森永製菓／パッケージデザイン、飾りイラスト制作

10・ZOZOTOWN／ 株式会社ZOZO／連貼りポスター

11・CANMAKE2022年4月TVCMプロモーション／CANMAKE／什器・OOH

12・カロリーメイト／大塚製薬株式会社／連貼りポスター

13・Ghana 2022バレンタイン／LOTTE／チョコカートンカバー

14・アイドリッシュセブン「BLACK or WHITE」／株式会社バンダイナムコオンライン／連貼りポスター

01・毎年夏に書店で行われる大々的な文庫フェアのキャンペーンツールを一式制作しました。02・天才バカボンの愛される家族像を表現した店頭広告。全国の店頭や各量販店などで掲出されました。03・地球の壮大な水の循環のなか、人と水が出会う瞬間にSANEIの製品があります。その瞬間をもっと心地よく素敵なものにしたい、そんな想いを込め制作しました。04・モーションキャプチャのリアルタイムデモ用に作成したオリジナルのデジタルヒューマンです。05・コメダの大判焼き専門店「大鯛吉日」新業態立ち上げに際してのブランディングを担当しました。06・不要なカトラリーをもらいすぎることで起こる「あるある」なシーンを描きチャーミングな表現で、「プラスチックを削減しよう」と伝えています。07・TAMRON望遠ズームレンズの新製品サイトでデザイン・コーディングを担当しました。08・2022年4月15日に秩父宮ラグビー場で開催された「JALラグビーナイト」の特別企画としてARコンテンツを開発しました。09・リラックマ＆空箱職人はるきるさんとコラボしたパッケージです。工作が楽しめる仕様になっています。10・ZOZOCOSME1周年を記念したキャンペーン広告。渋谷に横9m弱もあるワイドなポスターを5面掲載し、ほかにも電車内の額面を使った広告を展開しました。11・YMCMとの連動期間、春らしい色や花をたくさん使った可愛らしいプロモを意識し、多幸感あふれるイメージで什器やOOHを作成しました。12・コロナ禍で日々を過ごす学生に向けた広告。東急渋谷ビッグ6、ビッグ8にて掲出され、渋谷地下を通る多くの学生にエールを送りました。13・若い世代を中心に自由にバレンタインを楽しむことを共感・シェアしてもらえるような展開をしました。14・アプリイベント告知と新曲MV公開を楽しんでもらうため、実際にモニターを仕掛けた体験型ポスターです。

グラフィック

映像

WEB

アプリ

パッケージ

その他

株式会社
たきコーポレーション
たき工房

OAC 会員

CONTACT ADDRESS

〒104-0045　東京都中央区築地5-3-3
築地浜離宮ビル

☎ 03-3524-5280　📠 03-3543-2176

🌐 https://www.taki.co.jp

✉ info@taki.co.jp

COMPANY PROFILE

- **設立**　1960年3月8日　● **資本金**　1億円
- **代表者**　たき工房代表　湯浅 洋平
　　　（株式会社たきコーポレーション　常務取締役）
- **社員数**　196人　● **クリエイター数**　150人
- **平均年齢**　36.2歳

● **会社PR**　創業から63年。グラフィックデザイン主体の制作プロダクションとして、多くの記憶に残る仕事に携わってきました。2021年3月よりグループ会社を合併し、新たに株式会社たきコーポレーションの社名のもと、カンパニー制度を導入。それぞれがブランド力のあるクリエイティブカンパニーとして、国内最大規模のデザインエージェンシーへ。スケールメリットとシナジー効果を最大限に生かしながら、時代の変化に柔軟かつスピーディに対応できる事業体を目指します。

ビジョン「デザインエージェンシー」のもと、デザインが持つ「物事の本質を見つけ出し、人に届くカタチにして伝える力」を強みとし、デザインで解決できるすべての領域へと踏み出しています。デザインのノウハウを活用したブランディング支援、デザイン×テクノロジーや動画によるプロモーション、企業のサービス開発から関わるUI/UXデザインの提案なども加えて、デザイナー、コピーライター、プランナー、プロデューサー、エンジニアが、新しい社会への価値提案を求めるお客さまにお応えしていきます。

01・GIFT of VOICE（LUMINE CHRISTMAS 2021）／LUMINE／メインビジュアル

02・GIFT of VOICE（LUMINE CHRISTMAS 2021）／LUMINE／音声コンテンツ

03・GIFT of VOICE（LUMINE CHRISTMAS 2021）／LUMINE／デジタルコンテンツ

04・GIFT of VOICE（LUMINE CHRISTMAS 2021）／LUMINE／館内装飾

05・GIFT of VOICE（LUMINE CHRISTMAS 2021）／
LUMINE／キャンペーンサイト

06・GIFT of VOICE（LUMINE CHRISTMAS 2021）／LUMINE／デジタルコンテンツ

07・インナーブランディングムービー／三菱マテリアル／動画

08・「ほほ笑みをとりもどす世界の広告 ―Good Ideas for Good Ⅲ―」展／公益財団法人吉田秀雄記念事業財団 アドミュージアム東京／空間設計・体験型コンテンツ

09・バーチャルプレゼン／たき工房／オンライン プレゼンテーション システム

01・「大切な人に向けた声、メッセージ、それ自体をギフトにする」。このコアアイデアをもとに、中村桃子さんによる「声の花束」のイラストを用いた印象的なビジュアルを制作。02・7名のゲストが「声」や「クリスマス」について語る音声コンテンツ「7 EPISODES」の制作・収録ディレクション。03 06・メッセージを吹き込むとクリスマスツリーをつくって贈れるデジタルコンテンツ「GIFT OF VOICE TREE」を制作。デジタル技術を活用し、「人々のつながり」をつくるコミュニケーションを形にした。04・「伝えたい想い」を花として表現した中村桃子さんのイラストを用いて、CPのコンセプトを表現した館内装飾をルミネ全館で展開。05・音声、デジタルコンテンツを体験できる特設サイトを制作。07・「自分の仕事は周りが見てくれている」というメッセージを通じて社員の意識向上を図った動画を制作。08・ユーモアの語源である、人体に流れる「体液」を視覚的に体験できるコンテンツを制作。09・リアルタイムに発表者と3DCGの背景を合成し「気持ちが伝わる／理解が深まる配信」を可能にしたオンラインプレゼンテーションシステム。

グラフィック

映像

WEB

アプリ

パッケージ

その他

株式会社
ティ・エー・シー企画

OAC
会員

CONTACT ADDRESS

📍 〒105-0013　東京都港区浜松町1-10-14
　　住友東新橋ビル3号館5階

📞 03-6403-4151　FAX 03-3434-7131

🌐 https://tac.co.jp

✉️ welcome@tac.co.jp

COMPANY PROFILE

● **設立**　1973年2月　● **資本金**　2,000万円

● **代表者**　代表取締役社長　田中 一朗

● **社員数**　40人　● **クリエイター数**　30人

● **平均年齢**　36才

● **会社PR**　私たちティ・エー・シー企画は、お客様と同じ目線で課題を共有し、解決に導くトータルコミュニケーションカンパニーです。クリエイティブ・デジタル・プロモーション・グローバルの各分野で、豊富な経験と深い専門性を持つスタッフが連携しながら、企業や商品のブランディングをサポートしています。

01・VFグランド大阪梅田・inumo 芝公園／住友不動産ヴィラフォンテーヌ／WEBサイト

02・東洋紡・会社案内／東洋紡

03・東芝冷蔵庫VEGETA／東芝ライフスタイル／交通広告

04・プレミアムキャットミルク・プレミアムドッグミルク
／森乳サンワールド／商品パッケージ

05・犬のかゆみ啓蒙／ゾエティス／WEBサイト・院内ポスター

01・ホテルチェーンWEBサイトの企画構成からデザイン、ライティング、コーディングまでを担当。大阪に新規開業したホテルと犬専用ホテル、それぞれの特色に合わせた世界観で表現しました。02・コーポレートロゴ刷新に合わせて会社案内をフルリニューアル。全52ページの企画構成からデザイン、ライティング、制作事務局対応まで一貫して担当しました。03・大手家電メーカー冷蔵庫のプロモーションを担当。カタログやOOH、新聞広告などを制作しました。04・ペットフードメーカーの犬・猫用ミルクのパッケージをリニューアル。ゴールドを基調に「プレミアム」の名にふさわしい高級感あるデザインに仕上げました。05・動物用医薬品の研究開発・製造・販売を行っている企業のクリエイティブを担当。犬のかゆみを啓蒙するWEBサイトや動物病院用ポスターなどを制作しました。

グラフィック

映像

WEB

アプリ

パッケージ

その他

株式会社
dig

CONTACT ADDRESS

📍 〒151-0066　東京都渋谷区西原3-17-8
dig bldg.
📞 03-5790-7523　📠 03-5790-7524
🌐 https://www.dig.co.jp
✉ info@dig.co.jp

COMPANY PROFILE

- **設立** 1996年10月　● **資本金** 3,000万円
- **代表者** 松本 知彦
- **社員数** 24人　● **クリエイター数** 22人
- **平均年齢** 35才

● **会社PR** 1996年設立。イメージコンサルティング
をスローガンに、WEBからプリントメディア・映像まで
媒体を問わない、総合的なデザインマネジメントを手
掛けています。調査・コンサルティングから戦略立案・
デザイン・システム開発・運用までを一貫して提供でき
る体制をもち、WEBだけではなくエディトリアルデザイ
ン、ロゴの開発や、コーポレートツールの制作でも多く
の実績があります。2016年からはスローガンとしてあ
らたに「Create Brand」を掲げ、ブランディングの分野
にも注力しています。

● **Main Client** オッジ・インターナショナル、フォク
シー、光村図書出版、宣伝会議、東洋経済新報社、
ヒューマネージ、NTTデータニューソン、かねまつ　他
（順不同・敬称略）

01・NTTソノリティ／NTTソノリティ株式会社／WEBサイト、ロゴ

02・SBIふるさとだより／株式会社はてな／WEBサイト、ロゴ

03・宣伝会議／宣伝会議／雑誌

04・建築知識 ビルダーズ／エクスナレッジ／雑誌

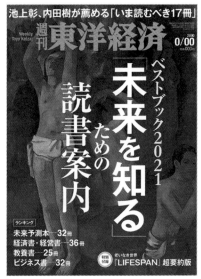

05・週刊東洋経済／東洋経済新報社／雑誌

06・D'URBAN／オッジ・インターナショナル／
シーズンカタログ

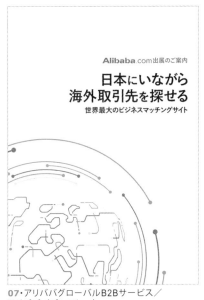

07・アリババグローバルB2Bサービス／
アリババ／パンフレット

08・ホームステージングサービス／
ホームステージング・ジャパン／パンフレット

09・令和3年度版中学校教科書／
光村図書出版／国語科教科書

10・今日のタメ口英語／
KADOKAWA／書籍

11・東大読書／
東洋経済新報社／書籍

12・日刊工業新聞／株式会社アマダ／全5段広告

01・パーソナライズドサウンドゾーンなどの先進技術を用いて音響関連事業を行うNTTソノリティ株式会社のコーポレートサイトを制作。コーポレートロゴのデザインから、サイトの構成、デザイン、動画、コーディング、撮影を担当した。02・SBIグループの地方創生オウンドメディア「SBIふるさとだより」のサイトデザインとロゴ制作。女性ターゲットを軸に、幅広い世代、ユーザーを意識したデザインに仕上げた。03・日本初の歴史ある広告マーケティング専門誌。雑誌タイトルロゴ、誌面アートディレクション、ページデザインまでトータルで手がける。直感的に訴えるデザインを意識し、読者を誘導する仕掛けやビジュアルを多用した。07・世界最大規模に成長を続けるアリババが提供する「アリババグローバルB2Bサービス」の案内パンフレットを制作。弊社が手がけたWebサイトに合わせリニューアルを行い、統一感あるブランドイメージを訴求した。10・現役東大生の読書術を学べる一冊。普遍的な内容なので長く飽きのこないデザインを目指した。

グラフィック

映像

WEB

アプリ

パッケージ

その他

株式会社
テオトリー・アーテ

CONTACT ADDRESS

📍 〒151-0071　東京都渋谷区本町4-48-2
　　Apartment Y2 202
📞 03-6300-0535　📠 03-6300-0504
🌐 https://theotry-arte.jp/
✉️ info@theotry-arte.jp（担当：栗田 健）

COMPANY PROFILE

● **設立**　2013年2月　● **資本金**　100万円
● **代表者**　栗田 健
● **社員数**　5人　● **クリエイター数**　4人
● **平均年齢**　35才

● **会社PR**　創業から10年。わたしたちはコミュニケーションをクリエイティブの根幹と捉え、お客様やスタッフ、関わるすべての人と手を取り合う共創の姿勢で活動するWeb制作会社です。
ディレクター、デザイナー、エンジニアで構成された少数精鋭のチームで、エンタメ業界を中心に、作品の世界観や企業のカラーなどいわゆる「らしさ」を表現し、お客様のビジネスを加速すべく活動しています。
近年はローコードやAIの活用による作業効率化を行い、よりクリエイティブな活動に専念できる環境を整えています。スピード感をもって、お客様のご期待にお応えいたします。

01・映画『スパイダーマン：スパイダーバース』／WEBサイト

02・映画『NOPE』／WEBサイト

03・映画『ブルーサーマル』／WEBサイト

04・映画『漁港の肉子ちゃん』／WEBサイト

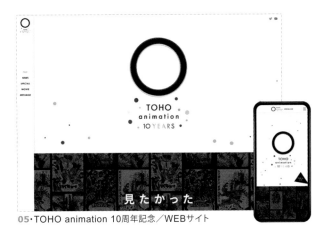

05・TOHO animation 10周年記念／WEBサイト

06・かぶきにゃんたろう 5th Anniversary／WEBサイト

07・株式会社網屋／WEBサイト

08・NEXCO東日本 採用／WEBサイト

01・スピード感のある演出とUIの各所にRGBずらしを施し、作品の世界観を表現しました。02・縦に長いページで下から上に流れる演出を施し、キャッチコピーの不穏さを強調するようにビジュアル表現しました。03・作品テーマである青春や空など、爽やかさをイメージしたデザイン・演出を行いました。04・作品の持つ優しい雰囲気と肉子ちゃんの元気なキャラクターをイメージしたデザイン・演出を行いました。05・アニバーサリーロゴにあしらわれたカラフルな水玉を、作品の数やバリエーションと解釈してデザインしました。空に舞い上がる風船のように水玉をアニメーションさせ、アニバーサリー感を演出しました。06・キャラクターの可愛らしさとアニバーサリーの楽しそうな雰囲気をイメージして、サンリオキャラクターらしくデザインしました。07・ビジネスステージの変化に伴うサイトリニューアルだったため、より信頼感のある洗練されたイメージが伝わるようにデザインしました。08・採用サイトらしいフレッシュなデザインを行い、サービス提供エリアやサービス提供時間をビジュアル表現しました。

株式会社
東京アドデザイナース

OAC
会員

CONTACT ADDRESS

〒102-0075　東京都千代田区三番町1
KY三番町ビル
03-3262-3894　FAX 03-3262-3882
https://www.tokyoad.co.jp
contact@tokyoad.co.jp

COMPANY PROFILE

●設立　1961年8月29日　●資本金　1,250万円
●売上高　19億円（2022年2月決算）
●代表者　代表取締役社長　篠原 茂樹
●社員数　191人　●クリエイター数　160人
●平均年齢　36.5才

●会社PR　1961年8月。日本の広告業の黎明期に、
東京アドデザイナースは誕生しました。
常に広告・デザイン制作の最前線で成長を重ねてきた
私たちは、グラフィックから、WEB、ムービー、PRイベント
まで、多様なコミュニケーション領域をカバーする
総合クリエイティブカンパニーへと進化を遂げました。
そして今、新たに策定した「ANSWER in DESIGN.」
というスローガンのもと、160人を超えるスタッフが、
それぞれの経験、スキル、アイデアを最大化することで、
お客様が抱えるさまざまな課題に、最善策=ANSWERを
ご提案していきます。
私たちはデザインで答えるクリエイティブカンパニー
です。

01・2022年元旦広告 02・リバプール21-22シーズン祝賀広告／講談社／新聞広告

03・「恋愛ドラマな恋がしたい」シーズン8 KV制作／株式会社AbemaTV／WEB、ポスター

04・AMD×藤井聡太「神の一手」の裏側に。／日本AMD／WEB、屋外広告

05・札幌ステラプレイス 年間キービジュアル／札幌駅総合開発／店舗ポスター・フラッグ

06・Y!モバイル 店頭グラフィック／ソフトバンク
／店頭ポスター他 ©赤塚不二夫／ぴえろ

07・西武鉄道乗車ポイントサービスプロモーション
／西武鉄道株式会社／交通広告

08・2022年CLUB
GIANTS会員募集サイト／
読売巨人軍／WEB

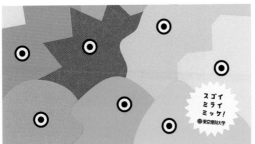

09・グラフィックバスケットボール／
株式会社モルテン／グラフィック
バスケットボールデザイン

10・MIRAI NAVI「スゴイミライミッケ！」／東京理科大学／WEB、ポスター

01・2022年元旦に新企業理念「Inspire Impossible Stories.」を広く伝えるために東京卍リベンジャーズのキャラを起用し、15段広告を朝日・読売・毎日新聞に出稿。 02・リバプールFCが講談社とオフィシャル・グローバル・パートナシップ契約を締結しており、21-22シーズンの成功を祝福する新聞広告を出稿。 03・必ずラストにキスシーンがある恋愛番組らしさを表現するため、カチンコのフレームにキスの大胆な構図で大人っぽさにこだわったビジュアルを作成。 04・AMD製CPU搭載のPCで将棋ソフトを駆使して独自研究を重ねる藤井聡太氏。AMD×藤井聡太のフレームでWEBサイト、WEB動画、グラフィックの施策を展開。05・1年を通して、春夏秋冬各シーズンのブランドビジュアルのデザインを担当。見る人の感性に訴えるビジュアルを意識してデザインしました。06・店頭ポスターやツールを中心としたグラフィックのデザインを担当。サービス内容を的確に分かりやすく伝えることを意識してビジュアル化。 07・西武鉄道での新サービス「乗車ポイントサービス」のプロモーションを行うため事前告知、ローンチの2回に分けて交通広告掲出を実施。 08・読売巨人軍ファンクラブ「CLUB GIANTS」会員募集のためのサイト。新規会員獲得、既存会員更新を促進するサイトを展開。09・部活やクラブといった競技志向ではなく、10・20代の男性ストリートプレイヤーに向けた、気軽にバスケットを楽しむ層へのボールデザインを担当。10・若年層から受験生まで「科学」や「研究」への興味を身近に感じてもらうためにキャラクターを開発しWEBサイトやグラフィックにて興味喚起を促す展開を実施。

株式会社
東京グラフィック
デザイナーズ

OAC
会員

CONTACT ADDRESS

〒107-0062　東京都港区南青山1-15-9
第45興和ビル2階
03-5785-0670　　FAX 03-5785-0666
https://www.to-gra.co.jp

COMPANY PROFILE

● 設立　1961年10月5日　● 資本金　2,800万円
● 売上高　7億5,500万円（2022年3月決算）
● 代表者　代表取締役社長　梶原 鉄也
● 社員数　47人　● クリエイター数　35人
● 平均年齢　46才

● 会社PR
総合力を活かす
グラフィックデザインのプロダクションとしてスタート
した当社は、設立して間もなくディスプレイやイベント
といった領域にも参画。1982年に映像部門、2005年に
WEB部門を立ち上げて、時代と共に総合力を高めて
きました。

仕事で応える
ホンダの製品広告とSPツールの制作を事業の根幹
とし、創業の原点であるオートバイをはじめとしてクルマ
やパワープロダクツなど各製品を一貫して担い続けて
います。仕事の成果が営業的な役割を果たして、また
次のあたらしい仕事を生み出していく。そんなクリエイ
ティブのあり方を私たちは目指しています。

あたらしい「価値」をつくる
企業と世の中とのコミュニケーションは単に情報を
伝えることではなく、人から人へ想いやメッセージを
届けることだと私たちは考えます。
「本質を捉え、表し、伝える」
この理念の下に、私たちはあたらしい価値を創り出して
まいります。

あたらしい「時代」に向けて
当社が一番大切にしていることは、ツールやメディア、
表現手法がいかに変化しようとも変わることのない
コミュニケーションの本質を追求することです。
先輩たちから受け継いできたこの姿勢を貫き、これからも
あたらしい時代に応えるプロフェッショナルで在り
続けます。

01・STEP WGN／本田技研工業／WEB、カタログ、映像 ほか

02・CT125・ハンターカブ／本田技研工業／WEB、カタログ、映像 ほか

03・N-WGN L 特別仕様車 STYLE+ BITTER／本田技研工業／
WEB、カタログ、映像 ほか

04・ホンダコレクションホール／本田技研工業／
展示企画、スペースデザイン、映像

05・クリーンエネルギー事業／コスモ石油マーケティング／PR企画

06・STORYCA／
アルパインマーケティング／
ネーミング、ロゴ、WEB、映像 ほか

07・推しシビック 総選挙／
本田技研工業／
フードピック、POP ほか

08・BBSホイール／BBSジャパン／PR企画、カタログ

09・Honda純正部品／本田技研工業／映像、WEB

01・「多様な価値観を持つ家族の日々のしあわせ」によりそう、余裕と自由があふれるクルマとして表現。見た人がその使い方に拡がりを感じられるクリエイティブを開発しました。
02・日本・タイ・アメリカ等に供給する映像をはじめ各種ツールを制作。自然を好む人々のインサイトをもとに世界観を構築しました。03・シンプルで普遍的な本来の特徴に、
落ち着きと上質感をプラスした特別仕様車。スタイルのある暮らしの心地よさを表現し、大人テイストを求める新たな顧客層の獲得を目指しました。04・CIVIC発売50周年を記念
した企画展では開発者への取材を実施し映像を制作。当時のスケッチなど貴重な資料を交えながら、開発者たちの情熱にふれられる展示としました。05・COSMOの再生可能
エネルギーとEVによる、ゼロカーボンシティに寄与するBtoB向け新事業。クリーンと未来を印象づけるキービジュアルを開発しました。06・キャンプ道具などを一緒に貸し出す、
新事業となるカーシェア。「特別な体験が、自身の物語になる」というコンセプトづくりからクライアントをサポートし、各クリエイティブに落としこみました。07・CIVIC 50周年を
軸に、お祝いや思い出などのメッセージをSNS募集。投稿してくれた方にはソフトクリーム等につけられるフードピックをプレゼントするなど、ファンのコア化につながる施策を
行いました。08・これまで1冊だったカタログを、ブランドに貢献する「Brand Book」と販売を促進する「Style Book」の2冊構成として制作。プロモーション効果の最大化を
目指す提案を行いました。09・クルマに詳しくない方にも安心・快適なカーライフを過ごしていただくために、部品の交換時期などをわかりやすく紹介する動画を制作しました。

グラフィック

映像

WEB

アプリ

パッケージ

その他

株式会社
東京ニュース

OAC
会員

CONTACT ADDRESS

📍〒101-0042　東京都千代田区神田東松下町
10-5 翔和神田ビルⅡ
📞03-6260-8088　📠03-6260-8085
🌐http://www.tnews.co.jp
✉info@tnews.co.jp（担当：生駒）

COMPANY PROFILE

● 設立　1950年9月20日　● 資本金　7,000万円
● 代表者　代表取締役社長　田村 壽孝
● 社員数　40人　● クリエイター数　10人

● **会社PR**　東京ニュースは、想いとコミュニケーションをデザインする会社です。
株式会社東京ニュースは、創業から70年以上、紙媒体の広告制作を中心にお客様のコミュニケーションをサポートしてきました。デザイン〜製版〜印刷における一連の工程を理解した熟練のスタッフが、質の高いサービスをお届けできる体制が整っています。
しかし、人々の嗜好や市場環境の多様化・複雑化によって、コミュニケーションの形が日々変化していくなかで、私たち東京ニュースも新しい方向へ歩んでいく時がきました。
長年にわたって製版・印刷・デザインに取り組んできた私たちは、「お客様の伝えたい想いを、最適な方法で、魅力的な形に仕上げて提供する」という本質的な価値に立ち返り、「想いで世界をつなげる」をビジョンに掲げて新たな一歩を踏み出しました。
これまで培ってきた技術や知見と、コミュニケーションデザインやデータマーケティングを組み合わせて、お客様の大切な想いを "伝える" コミュニケーションのサポートに取り組んでいきます。

事業内容／祖業である新聞製版事業は、送稿件数トップクラス。多数の案件で培った技術力や掲載までのトータルプランニングを強みとしています。
デザイン事業では、新聞広告や印刷物はもちろん、WEBバナーやSNS投稿用素材などのデジタル領域、イラスト制作や撮影まで幅広く対応しています。
また、人気コンテンツを活用したグッズの企画・製造・販売や、SNS運用プランニング、商品・サービスが社会と手を取り合うためのPR戦略や、データに基づいたコミュニケーション手法の提案など、新たな領域でも事業展開しています。

01・NRT PRIDE／成田国際空港／ポスター

02・CS friends vol.63／
成田国際空港／情報誌

03・CS friends vol.64／
成田国際空港／情報誌

04・ミシン点検サポートシステム 守破離／JUKI／リーフレット

05・LUシリーズ＆PLCシリーズ用スマートデバイス／JUKI／カタログ

06・研究社の辞典・学習参考書2022／研究社／ポスター

07・インスタグラム投稿ビジュアル／岩崎書店／インスタグラム

08・十年屋／静山社／POP

09・訪問看護ステーションぷらす／ヴィンチア／ロゴマーク

10・Mon Lapin／ロゴマーク

01・需要回復期に向け、成田空港で働くスタッフたちにお客様をお迎えする心の準備を促す狙いのポスターです。実際に働くスタッフの写真を使用し一体感醸成を狙い、操縦席からの眺めをイメージした背景で明るく前向きなメッセージを伝えています。02・03・成田空港で働くスタッフ向けの小冊子です。休憩室などで手に取ってもらいやすいように、堅苦しくなく明るく楽しげな雰囲気を目指しています。04・スマホアプリでミシンを点検、パソコンで管理するサービスを紹介するパンフです。落ち着いた深い色合いで信頼感をイメージしました。05・ミシンの後付けオプションを紹介するパンフです。落ち着いた白地ベースに各部アップの写真を散りばめ、明るく楽しそうなイメージにしました。06・売れ筋の製品は目立つよう中心に置いて、他の辞典や参考書はバランス良く配置し一目で「研究社の書籍」だと伝わるよう、全体的な見やすさを意識したポスターです。07・書籍のイメージに合うような配色・書体を選びつつ、絵本と同様に親子で投稿を見て楽しんでいただけるよう、優しく温かい雰囲気を目指してデザインしております。08・作中の執事猫こと「カラシ」さんの可愛さが伝わるよう、そのふわふわな体を形どったPOPです。これを書店などに置くことで視線の誘導になり、実際にカラシさんがそこにいる気分を味わえます！09・家の中に医療を「ぷらす」と、温かく見守るイメージです。10・「卯年の二人が一緒に作り上げていくお店」というコンセプトから着想を得たロゴデザインです。また、エステサロンのロゴということで、お客様の美への追求の実りを願うイメージで、植物と木の実の要素を取り入れました。

株式会社
トラック

OAC
会員

CONTACT ADDRESS

〒101-0051　東京都千代田区神田神保町
2-3-1岩波書店アネックス 4F
03-6272-6635　FAX 03-5211-1505
https://www.track.co.jp
info@track.co.jp

COMPANY PROFILE

- 設立　1995年8月14日　● 資本金　1,400万円
- 売上高　2億9,851万円（2022年9月決算）
- 代表者　代表取締役　小泉 邦明
- 社員数　24人　● クリエイター数　23人

● 会社PR

あなたの要望をアレンジして気持ちのいいクリエイ
ティブを提供します。
創業以来、さまざまな企業や商品・サービスなどに
携わってきました。ジャンルにとらわれることなく、幅
広い広告やプロモーションを展開しています。通販
カタログ（アパレル・女性インナー・ジュエリー）、女
性インナーカタログ、化粧品カタログ、アパレルカタ
ログ、保険会社DM・パンフレットなどの経験は特に
豊富です。

もっと、心に届くデザインを。
ずっと、心に残るデザインを。
私たちのデザインを目にした人が、うれしいとか、楽
しいとか、ホッとするとか、温もりを感じてくれる、少
しだけ幸せな気持ちになれる。
そんなデザインを、つくり続けていくこと。そんなデ
ザインができる人を、いっぱいにしていくこと。
それが、私たちの理想とするクリエイティブ。
心に届くデザインと心に残るデザインを創作する人
を、TRACKならではのクオリティで、もっと、ずっと、
生み出していきます。

01・日本生活協同組合連合会／カタログ

02・江原道株式会社／RESOLUS+／会報誌

03・株式会社ハウスメイトパートナーズ／会
員誌

04・東京海上日動キャリアサービス／ポスター

05・三井住友カード／DM

06・株式会社CCCメディアハウス／雑誌

07・神奈川県民共済／サービス紹介リーフレット（タブロイド）

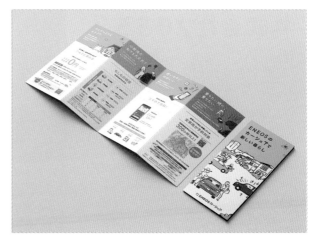

08・ENEOSカーシェア／リーフレット

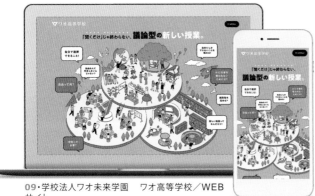

09・学校法人ワオ未来学園　ワオ高等学校／WEB
サイト

10・フェイラージャパン株式会社／WEBサイト

11・第一屋製パン株式会社／アップルリング／WEB
サイト

12・アサヒグループ食品株式会社／アレルケア／
WEBサイト

01・商品がより魅力的に見えるよう、ロケーションやポージング等にもこだわったカタログ。　02・ブランドのこだわりを細部に詰め込んだデザインと編集で展開するDM会報誌。　03・賃貸不動産オーナー向け会員誌。役立つ不動産情報を楽しく学べる誌面に制作。　04・働くひとそれぞれの価値観に応える総合人材サービス企業のスローガンインナーポスター、多様な働き方に寄り添う姿勢をビジュアル化。　05・新サービスへの切り替えを誘導するDM。インサイトに働きかけるメッセージ提案を意識。第36回全日本DM大賞 特別賞 受賞。　06・ライフスタイルを豊かにするモノやカルチャーを魅力的に提案した情報誌の特別編集号。　07・これまでの資材とは違うアプローチを提案するところからスタートした既契約者向けサービス案内ツール。　08・カーシェアの魅力を感覚的に訴求することを目指し制作した、個人向けサービス案内ツール。　09・オンライン空間での授業やイベントを可視化し、学校の特徴や楽しさを表現。　10・2022 FALL & WINTERコレクション紹介。色柄や質感に幸せを感じられるよう意識して制作。　11・アップルリング40周年記念キャンペーンサイト。なつかしさ、食べる楽しさを表現。※キャンペーンは終了しています。　12・飲み続けるにふさわしい確かな商品であることを間接的に伝えるアプローチで表現。

グラフィック

映像

WEB

アプリ

パッケージ

その他

株式会社2055

OAC
会員

CONTACT ADDRESS

〒103-0024　東京都中央区日本橋小舟町7-13
セントラルビル3F
03-3664-2055
〒578-0911　大阪府東大阪市中新開2-8-8
072-963-2055
https://www.2055.jp/
info@2055.jp

COMPANY PROFILE

- 設　立　2007 年 2 月　● 資本金　1,000 万円
- 売上高　3 億円（2021 年 3 月決算）
- 代表者　代表取締役社長　村田 成仁
- 社員数　19 人

● 会社PR　わたしたちは、ビジュアルコミュニケーションのプロフェッショナルです。商品、サービスをはじめ、あらゆるプロモーションにビジュアルが不可欠な時代。ビジュアルづくりのプロとしてわたしたちは、2つのビジョンを大切にしています。1つは、日常のワークビジョン。商品やサービスの本質的な価値を伝えるビジュアルを創造し、PR効果を最大化することをめざします。2つ目は、将来に向けたコーポレートビジョン。社会やお客さまのニーズ変化をいち早くとらえ、進化することです。これまでも写真制作のデジタル化から映像、3DCGへ事業拡張するなど、柔軟に対応してきました。この先も変化の兆しをとらえ、一歩先の提案ができるビジュアルコミュニケーションのプロであり続けます。例えるならわたしたちは、さまざまな形をしたお客さまのニーズの器を満たす水。柔軟な発想と体制で、お客さまに最適なビジュアルコミュニケーション提案をおこない、役立てることを願っています。

幅広い用途に対応した撮影スタジオを併設。

03・ROKU 翠／サントリー

01・ジルスチュアート／KOSE

02・モノルルド／ATEX

04・HIBIKA／エーデルワイス

05・Atoca アトカ／田村薬品工業
／映像URL ▶https://youtu.be/9X5oLuDcbXU

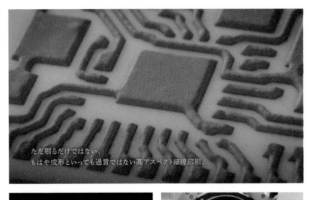

ただ刷るだけではない。
もはや成形といっても過言ではない高アスペクト細線印刷。

06・会社紹介ムービー／ニューロング精密工業
／映像URL ▶https://youtu.be/2ltEqz7b8vQ

07・SK850LC／コベルコ建機

08・SK165SR-7F／コベルコ建機
／映像URL ▶https://youtu.be/gvLPD3ymQiQ

09・KAMIKAZE II／TRIPLE-1

10・K9 Plus／パナソニック

株式会社ノエ

OAC 会員

CONTACT ADDRESS

📍〒150-0033　東京都渋谷区猿楽町17-19-101
📞03-5457-1370　FAX 03-5539-3665
🌐 https://noe-inc.com
✉️ info@noe-inc.com

COMPANY PROFILE

● 設立　2017年11月22日　● 資本金　500万円
● 代表者　代表取締役　野坂 拓郎

● **会社PR**　ブランディング、編集&デザイン、ビジュアルディレクションなどのクリエイティブを提供しています。

専門領域はファッション・ビューティ・ライフスタイル分野。紙・WEB・映像を織り交ぜたデザイン・ディレクション、緻密なプランニングで、企業が抱える課題や想いに応えていきます。

● **戦略立案**　実制作に加え、トレンド解析、販売戦略やデジタル戦略の立案を得意とするメンバーを揃えています。海外のシンクタンクとも提携し、社会や時代の変化に寄り添う、先進的なプランを提供します。

● **ライブコマース**　映像制作・OMO施策の一環として、企業のライブコマースを全面的に支援しており、300件以上の実績があります。ぜひご相談ください。

01・LUMINE・NEWoMan／KV・WEB・Movie

KOKUYO (ME)

Life Accessories

あなたを今より、私らしく。

02・KOKUYO ME／コクヨ／KV

03・蔦屋家電PAPER／CCCデザイン／
Magazine

04・+maffs／モリタ宮田工業／VI・Graphic

05・KIKONAS／三井不動産商業マネジメント／WEB Media

01・ルミネ・ニュウマンの全館キャンペーン「"IT'S NEW" WEEK 2022 AW」 **02**・ブランドコンセプトは「Life Accessories」。ローンチビジュアル、映像制作等 **03**・二子玉川 蔦屋家電のフリーマガジン。編集＆デザイン。**04**・グッドデザイン賞受賞の消火器「+maffs」。ビジュアル、映像、WEB・EC構築等。**05**・WEB Magazine、オウンドメディアの企画・編集・デザイン。＊その他の案件、実績詳細はお問い合わせください。

有限会社
バウ広告事務所

OAC 会員

CONTACT ADDRESS

📍 〒106-0032　東京都港区六本木3-16-35
　イースト六本木ビル 4F
📞 03-3568-6711　📠 03-3568-6712
🌐 https://bau-ad.co.jp/
✉ info@bau-ad.co.jp（担当：茂木）

COMPANY PROFILE

- ●**設立**　1974年9月5日　●**資本金**　1,100万円
- ●**代表者**　代表取締役社長　市川 多喜次
- ●**社員数**　46人　●**クリエイター数**　36人

●**会社PR**

私たちは「コミュニケーション パートナー」です。
バウ広告事務所は、単なる制作プロダクションでは
ありません。クライアントと共に悩み、議論し、前進
する「コミュニケーション パートナー」です。
手がけているのは、商品やサービス、企業や学校な
ど、実にさまざま。たくさんの人に知ってほしい。魅
力を伝えたい。好きになってほしい。そんなあらゆ
る課題に対して、従来のやり方にとらわれない、文
字どおりゼロベースからの発想で、あらゆる手段を企
て、形にしていきます。
コンセプト開発、ネーミング、CI・VI、ロゴデザインな
どブランディング戦略の企画立案から、キービジュ
アル開発、パッケージデザイン、WEBデザインな
どの広告コミュニケーションに関わる制作物、撮影や
それに付随するキャスティング、コーディネート。と
きにはプロダクトやサービスの企画開発、空間設
計・店舗デザインまで。必要ならば、与えられた
ミッション以上のご提案も。すべてはお話を聞くとこ
ろから。まずはお気軽にご相談ください。

01・よふかしポテト　あまじょっぱテイスト／カルビー株式会社／パッケージデザイン

02・男性育休広告／積水ハウス株式会社／広告（新聞・OOH）

03・MARY QUANT 2021 SUMMER／株式会社マリークヮントコスメチックス／
キービジュアル・店頭ツール

04・grirose Randoseru Catalog 2021・2022・2023／株式会社土屋鞄製造所／メインビジュアル・カタログ一式・動画

05・文化学園大学 2023入学案内／文化学園大学／パンフレット

06・I'M ALL IN FOR THE HOLIDAYS ／PLAZA／キービジュアル

07・新卒採用サイト／三井化学株式会社／WEBサイト

01・カルビーより地域・数量限定で発売された深夜専用ポテトチップス「よふかしポテト」のパッケージデザインを担当。人気イラストレーターを起用し、若い世代に響くシュールで可愛らしい世界観を表現しました。※現在は販売しておりません 02・男性育休を推進する積水ハウスの広告。世の中に気づきを与えるコピーと、父子の幸せな表情を捉えたビジュアルで、社会全体に対して男性が積極的に育休を取得する意義を発信。03・MARY QUANTの夏シーズンのビジュアル開発・店頭ツールを担当。キービジュアルでは、ビビッドでトロピカルな世界観を表現しました。04・子どもの憧れやときめきを体現したファッション性の高いランドセル「grirose」のブランドコミュニケーションを担当。カタログやSNS動画など、企画の立案から撮影・編集まで、こだわりのディティール表現でブランド価値を高めました。05・「新しい美と文化の創造」を掲げる文化学園大学の入学案内を制作。企画構成・アートディレクションはもちろん、撮影のディレクションやコピーワークまでクリエイティブ全般に携わりました。表紙等では、同校卒業生でコラージュアーティストとして活躍中のM!DOR!さんを起用。06・リボンやオーナメントボールで構成したリースをメインモチーフとして、明るく華やかな印象のビジュアルを制作。ホリデーシーズンならではの高揚感を演出しました。07・物語性を感じられる柔らかいトーンのイメージや、就活生にとって魅力的に感じられるコンテンツの企画を通して、従来の化学業界にはない新しいイメージを作り出すことを目指しました。

グラフィック

映像

WEB

アプリ

パッケージ

その他

株式会社
博報堂プロダクツ

OAC 会員

CONTACT ADDRESS

〒135-8619　東京都江東区豊洲 5-6-15
NBF豊洲ガーデンフロント

☎ 03-5144-7200　FAX 03-5144-7217

https://www.h-products.co.jp/

https://www.h-products.co.jp/contact/

COMPANY PROFILE

● 設立　2005年10月1日　● 資本金　1億円

● 代表者　代表取締役社長　岸 直彦

● 社員数　1,970 人（2022年4月現在）

● クリエイター数　500人　● 平均年齢　38才

● 会社PR　博報堂プロダクツは、広告とプロモーション領域を網羅する事業領域で、それぞれのプロが、その専門性を駆使し、広告とプロモーションのあらゆる得意先課題を「こしらえる力」、「実施する力」で解決していく博報堂グループの総合制作事業会社です。

[業務内容]

トータル・プロモーション・プロデュースの実施／グラフィック広告の企画制作／テレビCMの企画制作／広告写真撮影・デジタル画像の企画制作／プレミアムグッズの企画・製作・販売及び輸出入／SPキャンペーンの企画制作・実施・運営／デジタル（WEB）メディアの企画制作・実施・運営／イベント企画制作・実施・運営／PR企画制作・実施・運営／各種メディア取扱／プロモーション映像企画制作／広告原稿データ製作送稿／印刷／広告システムの開発および運用サポート　など

[採用計画]

■ 新卒定期採用あり

■ 2023年卒　新卒採用　約100人予定

※採用情報については、当社採用ページをご覧ください。

https://www.h-products.co.jp/recruit2023/

[待遇例]　正社員（2022年4月実績）

初任給：25万円（※みなし残業代10万円を含む）

賞与：年1回

勤務時間：9：30〜17：30（所定時間外勤務あり）

休日・休暇：週休2日制（土・日）、祝日、年末年始（12月29日〜1月3日）、年次有給休暇20日、フリーバカンス（年2回、連続5日間の休暇制度）、リフレッシュ休暇（勤続5年毎、連続5日間の休暇制度）ほか

福利厚生：保険／健康保険・厚生年金保険・雇用保険・労災保険、制度／在宅勤務・育児休業・介護休業・企業年金・退職金他、施設／診療所、軽井沢クラブ、保養所、スポーツ施設法人会員、その他各地に契約施設

01・PLAYFUL NEW HEATTECH／HEATTECH／UNIQLO／PR・SNS

02・Cannelétte／カヌレット／味覚糖株式会社／店頭

03・Essential THE BEAUTY「#あしたからどんな髪で生きようか」／エッセンシャル／花王／交通広告

04・Belleme／ベルミー／SEED／店頭・WEB・動画

05・NOT MAGIC, IT'S Nitto!／企業広告／Nitto（日東電工）／新聞広告・雑誌広告・OOH・WEB・SNS

06・ペイントワンダー／企業広告／日本ペイントホールディングス／TVCM・WEB動画

07・BEERY 本物のビールからつくるAlc.0.5%／アサヒ ビアリー／アサヒビール株式会社／店頭

01・新しいヒートテック「見せる極暖」PRのビジュアル制作・アートディレクション。全6種のスタイリングとPLAYFULな小物で、ヒートテックを着て外へ遊びに出かけたくなる楽しいビジュアル・動画を制作。02・新商品カヌレットのビジュアル制作。BE:FIRSTを起用し、新商品の登場感と認知拡大を図ったクリエイティブ。03・高校卒業、そして新成人を迎える高校3年生に向けて、「エッセンシャルザビューティが髪の毛から応援する」というコンセプトで制作。本当に卒業を間近に迎えた高校生の等身大の姿を撮影。04・新商品のカラーコンタクトレンズ。店頭からWEBサイト・動画までクリエイティブ全般をディレクション。05・Nitto（日東電工）の高い技術力は、あたかもマジックに見えるという意味を込めて仕上げたデザインは、日本国内だけでなくドイツやイタリアでも同ビジュアルにて展開。06・国内最大手塗料メーカーの企業広告TVCM制作のクリエイティブディレクション。07・タレント松本人志を起用し、新商品ビアリーの認知拡大を図ったクリエイティブ。

株式会社
バックストリート

CONTACT ADDRESS

〒150-0001　東京都渋谷区神宮前1-20-13
ノーサレンダービル 3F

03-5771-5581　FAX 03-5771-5584

https://www.backstreets.jp/

bs@b-brothers.com(担当：菅野)

COMPANY PROFILE

●設立　1993年4月27日　●資本金　1,000万円
●売上高　2億9,300万円(2022年4月決算　※半期)
●代表者　代表取締役社長　小笠原 希
●社員数　13 人　●クリエイター数　2 人
●平均年齢　34.3才

●会社PR　映像制作(企画・制作進行・配信)
音楽制作(企画・制作進行・配信)
イベント制作(企画・制作進行・施工・運営)
WEB制作(企画・制作進行・運営・マーケティング)
グラフィック制作(企画・制作進行・印刷)
ノベルティ制作(企画・制作進行)
広告・プロモーション全般のコーディネート(撮影・キャ
スティング・PRなど)

関連会社　株式会社logfilm
　　　　　＜映像ディレクション・マネジメント＞

主に教育関連の映像・音楽の制作プロデュース、
国内外(海外は中国・台湾など)の展示イベントの
施工運営を行っています。その他、WEBマーケティング
やプロモーションの企画運営、広告制作全般の
コーディネートやスタッフィング、ノベルティ制作など
をプロデュースいたします。

01・「2022年＜こどもちゃれんじぷち＞映像」／ベネッセコーポレーション／映像制作

02・「進研ゼミ小学講座」／ベネッセコーポレーション／販促用WEB告知

03・「進研ゼミ中学講座」／ベネッセコーポレーション

04・「ピカチュウ音頭」/ポケモン/ポケモン Kids TV/YouTube公式チャンネル

05・「The More We Get Together」/ポケモン/ポケモン Kids TV/YouTube公式チャンネル

06・「ポケモンおもさくらべバトル」/ポケモン/ポケモン Kids TV/YouTube公式チャンネル

07・「セレ"びれ"ーション」/ラグーナテンボス　ラグナシア/
ベネッセコーポレーション/しまじろうシーパーク/ライブショー制作

08・「中国・上海E&P2020」/日本オートマチック
マシン／電子部品・精密機器展／デザイン・施工

09・「SHIODOME Twilightイルミネーション2019」／
汐留B街区管理組合／プロデュース・デザイン・施工・運営

10・「東京オートサロン2020」／3Dデザイン／
BMWカスタムカー展示／デザイン・施工

11・「イセタン靴博2019」／リーガルコーポ
レーション／新宿伊勢丹本館／デザイン・施工

14・「REGAL WEEK 2019 秋」／リーガル
コーポレーション／パンフレット・ポスター制作

12・「東京オートサロン2020」／3Dデザイン／
BMWカスタムカー展示／デザイン・施工

13・「中国・広州GTIショー」／バンダイナムコ
エンターテインメント／ゲームショー／デザイン・施工・運営

15・「REGAL WEEK 2019 秋」／リーガル
コーポレーション／LP制作

17・「伸筋堂」／伸筋堂／サイト制作

18・映画「しまじろうと　キラキラおうこくの　おうじさま」
／ベネッセコーポレーション／劇伴制作

19・「しまじろうとガオガオさんのサイエンスショー」
／ベネッセコーポレーション／ライブショー制作

16・「自動機総合カタログ2020」／日本オートマチック
マシン／企画・デザイン・印刷

株式会社ヒルズ

CONTACT ADDRESS

〒150-0021　東京都渋谷区恵比寿西2-1-8
Oak6 201

03-6277-5364　FAX 03-6277-5365

https://hills-cr.jp

info@hills-cr.jp（担当：田村）

COMPANY PROFILE

● 設立　1984年10月　● 資本金　1,000万円
● 代表者　代表取締役　田村 友香／河野 誉通
● 社員数　9人

● 会社PR　ヒルズは、グラフィックを中心に企画から制作までを一貫して行うクリエイティブプロダクションです。東京・京都の2拠点体制で、クライアントと"ひとつのチーム"として、ブランディング・広告・販促・広報と多彩なプロジェクトに取り組んでいます。
スタッフ構成は、プロデューサー、アートディレクター、コピーライター、デザイナー。年齢層も20代〜60代と幅広く、プロジェクトに応じて柔軟な対応が可能です。
さらに、国内向けだけでなく、英語を中心とした多言語対応の制作実績も多数。アフターコロナで需要拡大が予想されるインバウンド関連の制作も積極的に行っています。
クライアントとの対話を大切にしながら、作り手の情熱に寄り添い、受け手の気持ちをイメージし、アイデアをカタチに変えていく。質の高いクリエイティブで、心を動かすコミュニケーションを実現します。

01・ジアイーノ エアエールプロジェクト／パナソニック株式会社／新聞広告15段

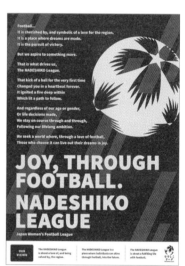

02・なでしこリーグビジョン・ステートメント／一般社団法人日本女子サッカーリーグ／ポスター

03・ENJOY YOUR ROOM／パナソニック株式会社／ポスター

04・パナソニック乾電池「想像できない未来は、小さな1つから生まれる。」／パナソニック株式会社／新聞広告30段

05・SKYN #薄いよりいい 大喜利キャペーン
／不二ラテックス株式会社／キャンペーン企画・WEB

06・EVOLTA NEO CHALLENGE 2021／パナソニック株式会社／ロゴ・WEB

07・YAESU ACTIVE OFFICE／東京建物株式会社／ムービー

01・業務用ジアイーノの納入を紹介する新聞広告。実際の納入先で撮影しリアルな体験を伝えました。02・なでしこリーグの掲げるビジョンを紹介するポスターを制作。ロゴを使ったグラフィックで構成し、WEBバナーや海外向けの英語版ポスターにも展開しました。03・「ENJOY YOUR ROOM」をスローガンとした動画と平面連携プロジェクトのポスターを制作。グラフィックの表現力を意識して、撮影・デザインを定着させました。04・乾電池グローバル出荷数2000億個を記念した新聞広告。その他WEBバナーなども展開しました。05・SKYNのキャンペーンを企画し、キービジュアル・ロゴ・SNS告知ビジュアルなどを制作。06・コロナ禍により初めてオンライン開催となったエボルタチャレンジの告知バナー。ロゴや、イベント関連のツール・素材のデザインも担当しました。07・弊社で制作したオフィスの機能や取り組みを紹介するパンフレットのスチールとイラスト素材を活用し、動画の制作ディレクションまで行いました。

株式会社 広瀬企画

OAC
会員

CONTACT ADDRESS

【本社】 〒460-0027 愛知県名古屋市中区
新栄2-1-9 雲竜フレックスビル西館15F

【東京】 〒105-0004 東京都港区新橋5-22
ル・グラシエルBldg.3 5F

☎ 052-265-7860 📠 052-265-7861

🌐 https://www.hirose-kikaku.co.jp/

✉ info@hirose-kikaku.co.jp

COMPANY PROFILE

● 設立 2009年4月16日 ● 資本金 300万円

● 代表者 代表取締役社長 広瀬 達也

● 社員数 16人 ● クリエイター数 16人

● 平均年齢 30才

Ⓐ ことば
デザイン
企画力

企 業 や 地 域 を ヒ ー ロ ー に !

● **会社PR** 企業や地域のブランディング、販売促進プロモーション、集客や人材募集、さらには顧客との関係強化など、これまで多様なニーズを持つ案件の企画・制作をしてきました。広瀬企画では、課題解決と目的達成のための企画・制作を前提とし、エンドユーザーの目線に立ったコミュニケーションをトータルで企画。広告物の制作をはじめ、広告物の効果を最大限に引き上げる使い方、SNSを活用したPRの方法をご提案いたします。ことば・デザイン・企画力で、企業や地域をヒーローに。広瀬企画は、お客様とともに喜べる会社でありたいと考えています。
Planning／企画・取材・ライティング・デザインを一貫して受けられる広告企画制作会社です。コンセプトメイクからプロモーション、ツール企画編集、ロゴ・ネーミングまで筋の通った企画をご提案します。
WEB／自社メディア・HIROBA!で培ったノウハウを生かし、数多くのウェブサイト及びオウンドメディアの制作・運営に携わってきました。また、近年需要が高まるSNS、SEOコンテンツの運用においても多くのお客様からご好評をいただいております。
Print／情報誌、広報誌、社内報といったコミュニケーションツールから、ポスター、カタログ、パンフレット、DM、チラシなどの販促物まで。ターゲットに刺さるデザインとコピーライティングで、モノやコトの魅力を最大限に伝えます。

企業や地域をヒーローにする
企画制作集団

①得意な仕事分野
②仕事のモットー

■代表・広瀬
「MBA×創造力による成長の伴走者」
①人が動きたくなるウリを作り効果的に届ける
②現実的なプラン、目を引くクリエイティブ、着実な実行で目指した効果を実現する

■広瀬良子
「東海エリアの魅力発掘エディター」
①愛知・岐阜・三重の魅力を探し、伝える
②「平常心と好奇心」をモットーに言葉とビジュアルで最後＋αの温度をのせる

■永田
「サイクリング好きデザイナー」
①ワンビジュアルものが好きです！
②仕事も全力で楽しみたい！それが良い仕事につながる！

■竹内
「サポート中心、在宅ライター」
①子育て、フェミニズム、ドラマなど
②「この文章は社会や人にプラスになるか？」「誰かを損わないか?」を意識して書くこと

■西村
「書きに企画にフル回転」
①ジャンルを問わず分析・企画・制作
②新たな知識を取り入れながら、最善の課題解決を目指します

■堀
「のんびり過ごしたいデザイナー」
①ほのぼのPOPまたは高級感のあるデザイン
②クライアントが想い描いた理想を、デザインで視覚化すること

■近藤
「在宅ママライター」
①ライフステージが近い人向けの記事執筆
②できる限り読みやすい表現を選び取るよう、自分なりに心掛けています

■矢野
「絶対また頼みたくなるコピーライター」
①見た人の心と財布をつかむ広告、記事作成
②作品ではなく商品を作っていることを忘れない。いつも心に記者ハンと危機感を!

■鳥居
「石橋叩いて渡りたいデザイナー」
①イラストなどを使ったほっこりデザイン
②驕らず焦らず騒がずに。丁寧真摯を心掛けつつ、遊び心も潜ませる

■林
「お腹ゆるゆるデザイナー」
①柔らかいデザインから硬いデザインまで
②とりあえず苦手な分野にも挑戦してみる。へこたれず前向きに

■河合
「冷静かつ情熱的コピーライター」
①人を動かすコンテンツ＆コピーの両輪
②できるできないではなく"どうやるか"好き嫌いではなく"効果があるかどうか"

■磯谷
「鈍鉄旅好きWEBプランナー」
①業務効率化ITソリューション選定と提案
②理解しにくい「IT用語」を普段の生活の中の例えで分かりやすく説明すること

■大久保
「健康を気遣う若手コピーライター」
①想像力や分析力が求められる仕事
②何事にも関心を向け、止まることなく成長できるように努めています

■田中
「好奇心旺盛で多趣味なライター」
①自身の思いを乗せた文章
②思いっきり楽しむこと。自分のカラーが出るような文章を書くこと

■柳瀬
「真面目が取り柄のコピーライター」
①おでかけスポット、イベント情報記事
②得た知識はすぐに実行。思わず行動したくなる文章が書けるよう心がけています

■麻生
「無駄とユーモアを愛す」
①対話は資本。愛嬌ばっちり、折衝で無双
②正しく美しく、生気を持ち気配を放つ言葉を選び取ること。選ぶ私を信用すること

01・東海エリアの魅力発掘ウェブマガジン「HIROBA!」／
自社運営ウェブメディア

02・GIFUクラフトフェア／森ビル都市企画株式会社／
プロモーション一式（サイト・会場装飾ツールなど）

03・風土市場／株式会社おとうふ工房いしかわ／
食の情報交換・通販プラットフォーム

04・小牧市民まつり／小牧市／
ポスター・冊子

05・広報くわな／桑名市／広報誌

06・とぴあ／富田浜病院グループ／
広報誌

07・SDGsを学べる書籍シリーズ『未来の授業』／
株式会社宣伝会議／書籍

08・たけとよ日和／武豊町／公式インスタグラム

01・広瀬企画スタッフで運営しているウェブメディア。宝探しにも似たワクワクした気持ちで東海エリア（愛知・岐阜・三重）の魅力的なヒト・モノ・コトを紹介しています。**02**・180以上の作家が集まるGIFUクラフトフェア。垂れ幕からポスター、ウェブサイトまで、20を超えるツールを制作。**03**・食品メーカーであり、他社商品も扱う直営小売店を運営する企業の、BtoB用・食の情報交換・通販プラットフォーム。事業企画の胎動からサイト制作・運営・PRなどを担当。**04**・小牧市民まつりのメインビジュアルを担当。イベントのテーマである「ふれあいの輪をひろげよう」から連想し、市民も街もひとつになって盛り上がりを見せる様子をビジュアル化。**05**・三重県桑名市の広報誌を、企画からデザイン、取材・原稿作成（一部）まで担当。「みんなの未来にわくわくを」をテーマに、桑名で暮らすことにポジティブなイメージを持てるデザイン・企画を立ち上げた。**06**・院外向け（患者・家族）と、院内向け（グループスタッフ）のコミュニケーション活性化を目的とした広報誌。創刊企画・コンテンツ企画・制作を担当。**07**・学校教材としても活用されているSDGs書籍シリーズ。身近な社会課題や活動事例を紹介し、ライフキャリアやダイバーシティなどのテーマを通じて読者の自発的な探究活動を促す。**08**・町民編集員の募集、職員・町民編集員向けSNS・取材撮影講座、インスタグラム開設、記事作成、編集員との同行取材、編集員作成記事の確認・調整などを実施。

グラフィック

映像

WEB

アプリ

パッケージ

その他

フェロールーム
株式会社

OAC
会員

CONTACT ADDRESS

〒160-0004　東京都新宿区四谷3-12
フロンティア四谷4F

03-3355-7110　FAX 03-3355-7112

https://www.fellowroom.co.jp

info@fellowroom.co.jp（担当：茅野）

COMPANY PROFILE

● 設　立　1960年7月　● 資本金　2,200万円
● 売上高　15億8,000円（2021年8月期）
● 代表者　代表取締役社長　太田 哲史
● 社員数　72人　● クリエイター数　60人（営業12
人含む）　● 平均年齢　38.9才

● 会社PR　フェロールーム株式会社は1960年に創
業し、独自の歴史を歩んできた広告制作会社です。
60年に及ぶクライアント様とのダイレクトな関係の
中で活動範囲を広げ、広告制作にとどまらない「ブラ
ンドのストーリーテリング」を担ってきました。時代の
要請に応える「広さ」と、時代に流されない「深さ」を
同時に追求しています。

ビジュアルコミュニケーション／半世紀を超える歴史
を持つカタログ制作を通じ、商品の世界観を魅力的
に描き「商品をして語らしむる」ことを目指したハイ
クオリティなビジュアルコミュニケーションを磨き続
けています。

ブランドジャーナリズム／フェロールームの原点は、
60年前から今も続くPR誌。その精神は衰えるどころ
か、SNSが普及し「広告が効かない」とされる現代で
はより重要になってきています。「編集者」ではなく自
ら文章も執筆する「編集ライター」が、確かな取材力・
編集力でお客様との新たなコミュニケーションを生
み出します。

実写から3D-CGまで多彩な動画制作／長年のカタ
ログ制作で磨かれた「商品のストーリー」を語る能力
は、動画において輝きをさらに増しています。ハイク
オリティなプロモーションムービーから、手軽な動画
に至るまで、幅広いご要望に対応できます。特に、
3D-CGを用いたハイクオリティな動画は高い評価
をいただいています。

WEB・デジタルソリューション／専任のWEB制作ス
タッフが、どの商品を誰に、どう魅力的に伝えるのか
という戦略的な面からサポートし、3D-CGを用いた
コンフィグレーターシステムは、独自のノウハウに
よってハイクオリティかつ高速処理のビジュアライズ
を可能にしています。

01・SUBARU SOLTERRA／SUBARU／ポスター

02・SUBARU SOLTERRA／SUBARU／カタログ

03・SUBARU SOLTERRA／SUBARU／DM

04・SUBARU LEVORG／SUBARU／ムービー

05・SUBARU FORESTER／SUBARU／ムービー

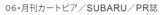

06・月刊カートピア／SUBARU／PR誌

07・WEBカートピア／SUBARU／WEB

08・販売会社採用／SUBARU／ムービー

09・カーコーディネーター／
SUBARU／アプリ・WEB

10・SUBARUオンラインミュージアム／
SUBARU／WEB

01〜03・商品の持つ本当の魅力は何か、長い時間をかけ探求し、開発者とのキャッチボールを繰り返しながらストーリーを磨き込んでいくのがカタログです。フェロールームはこの仕事に、大きなやりがいとプライドを感じています。またSPツールでは、商品の世界観を伝えるビジュアルを卓越したグラフィックパワーで表現しています。04〜05・高い走りの性能と、乗る人の高揚感を表現したプロモーションムービー。06〜07・60年近くにわたって、車のある豊かなカーライフを提案し続ける、フェロールームの原点とも言えるPR誌。WEB版も制作。08・SUBARU販売会社グループの採用活動のための紹介ムービー。商品から販売現場まで、幅広く取り扱っているのもフェロールームの強みです。09・3D-CGを活用し、欲しいカラーやグレードを簡単に、そして瞬時にシミュレートできます。10・WEB上の博物館というコンセプトのもと、歴代の車両や歴史を紹介。長年にわたってカタログ制作を行い、商品を深く知るフェロールームだからこそ企画できるコンテンツです。

グラフィック

映像

WEB

アプリ

パッケージ

その他

株式会社
プロモーションズライト

〔OAC 会員〕

CONTACT ADDRESS

📍 〒104-0061　東京都中央区銀座3-7-6
CIRCLES銀座 8階

📞 03-5579-5710　📠 03-5579-5711

🌐 https://www.promotionslight.co.jp

✉️ t-hayami@lightpublicity.co.jp（担当：早見）

COMPANY PROFILE

- 設立　2005年4月　●資本金　1,000万円
- 売上高　5億4,329万円（2022年 3月決算）
- 代表者　代表取締役社長　松永 忠浩
- 社員数　19人　●クリエイター数　10人
- 平均年齢　37才

PROMOTIONSLIGHT

●会社PR　2005年、ライトパブリシティのDNAを
受け継いで設立しました。パッケージデザイン、PR
誌制作、カタログ・パンフレット制作、セールスプロ
モーションの企画立案・ツール開発を軸にして、「プロ
モーションデザイン」という視点のもと、すべてに
おいて一貫して良質なクリエイティブを行うことに
主眼を置いた広告制作会社です。

●受賞歴
〈reddot award 2017 入賞〉
〈iF DESIGN AWARD 2018 入賞〉
〈A' DESIGN AWARD 2018 銀賞〉
〈日本パッケージデザイン大賞 2019 金賞〉
meiji THE Chocolate

01・フルーティス／Mizkan／VI、パッケージ、イラストレーション

02・白鶴 ぷるぷるシリーズ／白鶴酒造／VI、パッケージ

03・meiji THE chocolate／明治／VI、パッケージ

04・デルモンテ トマトジュース／
キッコーマン食品／パッケージ

05・Air Forest／エステー／
VI、パッケージ

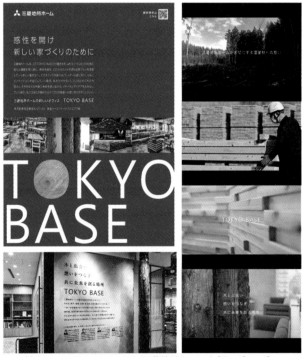

06・新オフィス TOKYO BASE／三菱地所ホーム／ブランディング

グラフィック
映像
WEB
アプリ
パッケージ
その他

マルキンアド
株式会社

OAC 会員

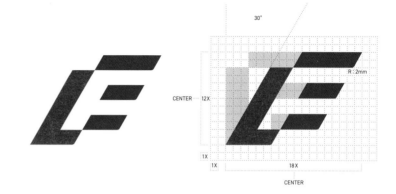

CONTACT ADDRESS

〒370-2341　群馬県富岡市下黒岩289

0274-60-1311　FAX 0274-63-5495

https://www.marukin-ad.co.jp

info@marukin-ad.co.jp（担当：大谷）

COMPANY PROFILE

- **設立**　1996年12月8日　● **資本金**　1,000万円
- **代表者**　代表取締役社長　関 智宏
- **社員数**　23人　● **クリエイター数**　22人
- **平均年齢**　35才

● **会社PR**　マルキンアドのデザインは、グラフィック、WEBなど、ビジュアルとしてのデザインにとどまりません。セールスプロモーションその他の分野における問題解決や環境改善など、実行できることのすべてをデザインの対象として捉え、社会へ貢献してきました。そして、さらに洗練されたサービスを提供するため、全社員が常に心に掲げ、あらゆる判断の基準とする理念を制定しました。それが、「まるをつくる」です。この言葉のもと、お客様やステークホルダーのためにどうすれば「まる」をつくれるか、どうすればつくったものが「まる」となって伝播していけるのか、みんなで、そしてひとり一人で常に考え、研鑽を重ねています。これからも、つくるに感謝し、つくるで感動を呼び、つくるが笑顔を生むマルキンアドに、どうぞご期待ください。

01・PROJECT LF／山田製作所LFO／ロゴマーク、WEBサイト、動画、イベントツール他

02・宝笠／株式会社増田製粉所／ブランドWEBサイト、卓上カレンダー、パッケージ、雑誌広告他

03・釜石ワーケーション／株式会社かまいしDMC／ロゴマーク、WEBサイト、パンフレット

04・学校案内／群馬動物専門学校／パンフレット、クリアファイル、WEBサイト

01・プロジェクトスタートのためのイメージ戦略を実施。海のない群馬県で養殖魚を作るという研究的な試みを踏まえ、ラボ（研究所・研究チーム）をイメージしたデザインとしました。02・商品ブランドに内包される、歴史と伝統、プレミアム感を体現。WEBサイトでは拡張性のあるデザイン、SEOを意識したコピーライティングを心がけました。03・「釜石の自然と文化への体感」と「参加者や企業の『未来への光』」を表現したロゴマークを提案。WEBサイトやパンフレットでは、その世界観を踏襲し、釜石の持つ「ゆるさ」「素朴さ」「知性」を体感できるビジュアルに仕上げました。04・専門学校の情熱が伝わるように、核となるメッセージを設定してストーリーを展開。ターゲットとなる高校生へ単に情報を伝えるだけでなく、気持ちが伝わるクリエイティブを心がけました。

株式会社
むすび

CONTACT ADDRESS

📍 〒151-0051　東京都渋谷区千駄ヶ谷3-38-14
　　スタンション北参道4F
📞 03-6734-9237
🌐 https://musubi.studio/
✉ info@musubi.studio（担当：大輪）

COMPANY PROFILE

● **設立**　2018年8月29日　● **資本金**　900万円
● **代表者**　取締役社長　大輪 恭平
● **社員数**　8人　● **クリエイター数**　5人
● **平均年齢**　36才

● **会社PR**　私たち「株式会社むすび」はグラフィック
デザインを中心に、紙、WEB、映像など幅広い媒体で、
まだ誰も見たこともない成果へと結実させるクリエイ
ティブカンパニーです。それぞれのプロジェクトごとに
専門的な技術とアイデアを持つスペシャリストを集
め、最高のチームを編成。だからこそ自由で幅の広い
ご提案が可能になります。デザイナー、コピーライ
ター、カメラマン、イラストレーター、プログラマー…。
「むすび」に集うスペシャリストの肩書きをあげれば、
きりがありません。「むすび」では、その一人一人が、
各々の職域にとらわれず、アイデアを競わせています。
すべてはより良いものをつくり上げるため。ときに遊
ぶように。ときに戦うように。「むすび」はスペシャリス
トが切磋琢磨する場でもあります。

● 賞歴
・ MUSE CREATIVE AWARDS/PLATINUM WINNER
・ German Design Award 2021/Special Mention
・ PENTAWARDS/BRONZE WINNER
・ K-DESIGN AWARD 2020/ WINNER
・ CSS Design Awards/SPECIAL KUDOS
・ Design Awards.Asia/Design Of The Day（DOTD）
・ awwwards. /Honorable Mention など

01・Hello Juicy/モノック株式会社/パッケージデザイン

02・Glow Fx/モノック株式会社/パッケージデザイン

03・SHISHIDOEN_HONEY/宍戸園/パッケージデザイン

04・momwell/株式会社スタイルワークス/CI・Vi

05・ロゴ_ステーショナリー/株式会社RIS/CIVI

06・solosolo化粧品/株式会社ラフィーネインターナショナル/WEBCM

07・Fashion Shoes Contest 2022/日本ケミカルシューズ工業組合/WEBCM

08・RETØUCH you/株式会社Ciik/広告動画

グラフィック

映像

WEB

アプリ

パッケージ

その他

株式会社
モスデザイン研究所

OAC
会員

CONTACT ADDRESS

〒107-0052　東京都港区赤坂5-4-8
荒島ビル2階

03-3585-0329　FAX 03-3505-2147

https://www.mosdesign.co.jp/

COMPANY PROFILE

● 設立　2000年12月7日　● 資本金　4,500万円
● 売上高　1億円（2022年5月決算）
● 代表者　代表取締役社長　安達 健治
● 社員数　9人　● クリエイター数　9人
● 平均年齢　36歳

● 会社PR　1965年のモス・アドバタイジングの創業から50年以上の歴史をもつ制作会社です。『人の心を動かすクリエイティブ』をコンセプトに、広告制作全般に携わっています。デザイナー・ライター・イラストレーターが在籍しているため、パッケージデザイン、ポスター制作、ライティング、エディトリアルデザインなど幅広い仕事に対応でき、納期の短い仕事にも柔軟かつ丁寧に対応しています。カメラマンや印刷所など外部スタッフとも連携が取れているため、本や冊子の制作も企画から納品まで一括管理が可能。広告を知り尽くしたベテラン集団がデザインとコトバで広告を表現します。
● 業務内容　新聞・雑誌広告の企画制作／ポスター、カタログ、カレンダーの企画制作／パッケージ、ラベル等のデザイン・制作／PR誌、各種出版物の企画制作
● 主要取引先　キッコーマン株式会社／東京新聞・中日新聞／株式会社すかいらーく／株式会社シード／株式会社伊藤園／湧永製薬株式会社ほか

01・ベルミー／SEED／カラーコンタクトレンズ／パッケージ

02・ジョナサン フェアメニュー／
すかいらーく／メニュー

03・キッコーマン 夏ギフト2022／
キッコーマン食品／セールスエイド

04・茂木本家美術館WEBサイト／茂木本家美術館／
WEBデザイン

05・暮らすめいと／東京新聞／生活情報紙

06・萩・石見旅企画／中日新聞社／東京新聞企画広告

07・三菱製紙 点字カレンダー 2023／三菱製紙／カレンダー

08・からだ想いサプリメント／キッコーマンニュートリケア・ジャパン／パッケージ

09・夢中になるぶっかけパスタ
醤油／ナベテック／パッケージ

01・柔らかいグラデーションと幾何学で構成し、ライフスタイルやトレンドに合わせて選べるという商品コンセプトを表現した。02・メインターゲットである幅広い年代の女性に響くよう、カジュアルかつ上品なデザインを意識したメニューデザイン。03・家庭用調味料のシーズンギフト用商品カタログ。和食の伝統を支えつつ、食卓に寄り添い続ける「品格と親しみやすさ」が伝わるようデザイン。04・美術館のWEBサイトリニューアルを担当。美術館の魅力を十分に伝えるデザイン性と、UIを兼ね備えたサイトに。05・「より良い人生のパートナー」として、日々の暮らしに役立つ情報を毎月発信。読者の声に耳を傾けた編集、目に優しいレイアウトに。06・萩・石見エリアの旬のスポットなどを紹介する企画。旅への気持ちが高まるようなカラフルで親しみやすいデザインに。07・「エコ×調理」をコンセプトに、料理に使うエネルギーや食材のムダを減らすレシピを掲載。柔らかなタッチで親しみを感じるデザインに。08・40代からの女性をターゲットにした、サプリメントシリーズのスタンダード版としてリニューアル。

株式会社
YAOデザイン
インターナショナル

CONTACT ADDRESS

〒160-0004　東京都新宿区四谷1-17
マイスター四谷 4F

03-3357-3668　FAX 03-3353-1546

https://yao-design.co.jp/

info@yao-design.co.jp

COMPANY PROFILE

● 設立　1962年　● 資本金　1,000万円
● 売上高　非公開
● 代表者　代表取締役社長　八尾 戴子
● 社員数　13人　● クリエイター数　11人

● **会社PR**　株式会社YAOデザインインターナショナルは1962年に創業、パッケージデザインを中心にヴィジュアルデザインのすべての領域を専門分野としているデザイン制作会社です。「パッケージデザインは、基本的に物を保護するとともに、その商品の情報を正確に伝えるための創作活動である。と同時に、マーケティング・コンセプトに沿った確かなコミュニケーション・パワーを持つものでなければならない。」というのが、創業者八尾武郎の理念でした。日本のデザインの歴史とともに磨き上げられたこの理念は、スタッフ一同の基本姿勢として今も脈々と生きています。

01・6Pチーズ／雪印メグミルク／パッケージ

02・スライスチーズ／雪印メグミルク／パッケージ

03・オーマイプレミアム／ニップン／パッケージ

04・アマニ油／
ニップン／パッケージ

05・めんつゆ、蕎麦つゆ／
ヤマキ／パッケージ

06・健康ミネラルむぎ茶オーツ麦ブレンド／伊藤園／パッケージ

07・ルヴァン／ヤマザキビスケット／パッケージ

08・エアリアル／ヤマザキビスケット／パッケージ

09・食塩不使用シーチキン／はごろもフーズ／パッケージ

10・シーチキンsmile／
はごろもフーズ／パッケージ

11・もち麦のポタージュ粥／はくばく／パッケージ

12・おいしい雪印メグミルク牛乳／雪印メグミルク／
パッケージ

13・クリアターンマスク／コーセーコスメポート／パッケージ

14・マーブルムース／
美・ファイン研究所／
パッケージ

15・ズビズバ／
旭化成ホームプロダクツ／
パッケージ

グラフィック

映像

WEB

アプリ

パッケージ

その他

株式会社
ライトアップ

CONTACT ADDRESS

📍 〒211-0025　神奈川県川崎市中原区木月3-39-5
📞 044-982-0289
🌐 http://www.rightup-inc.co.jp
✉ hello@rightup-inc.co.jp（担当：小林）

COMPANY PROFILE

● **設立**　2010年4月15日　● **資本金**　300万円
● **代表者**　代表取締役社長　小林 進也
● **社員数**　10人　● **クリエイター数**　9人
● **平均年齢**　36.5才

● **会社PR**　2012年にスタートして以来、少数精鋭の
映像プロダクションとしてアウトドアやスポーツのシー
ンをはじめ、幅広いクリエイティブを手掛けてきました。
僕らの強みは、大きく2つ。1つは、メンバーの多くがも
ともとアスリートだったことです。現在は映像を軸にし
た表現者ですが、かつては元プロスノーボーダーやスケー
ターなど、競技者としてやり抜いた経験があり、そ
こで培った機動力は、時にエクストリームスポーツの現
場で役立ち、アスリートとの共通言語が多いこともアド
バンテージとなっています。
そして、2つ目。それは映像表現において、僕らはユー
ティリティプレイヤーの集団であることです。メンバー
ひとりひとりが、演出、撮影、編集のスキルを持ち、案件
ごとに役割が変わります。演出をやっていたメンバー
が、明日は撮影をこなし、別の日には編集に専念する。
メンバーの個性と、案件との相性に応じて、理想的な
チーム作りをできることが僕らの最大の強みです。
またここ数年は、企業の方と直接やりとりさせていただ
く機会が増え、仕事の半数ほどを占めるようになりまし
た。「映像は初めて」というクライアントも少なくなく、担
当者の声に寄り添うことが僕らの役目だと感じていま
す。創業から12年目、少数精鋭でやってきたからこそ、今
の時代にあったクライアントとの距離感や、新しい制作
体制のあり方などを模索できているのかなと思います。

目指す広告表現に合わせて
フレキシブルにチーム作りができる

創業当初から在籍するメンバーは、
かつて競技者として活動している時代
からカメラを片手に映像表現との二足
の草鞋を履いていました。エクストリー
ムスポーツの現場において、アスリート
と同じ目線に立つためにカメラを競技
者自身が構えることは決して珍しいこと
ではありません。RIGHTUPという会社
は、そんなカルチャーが起点にあります。

そのため、スポーツやアウトドアの撮
影時には、高い機動力を発揮します。演
出するうえでも、撮影で帯同するうえで
も、アスリートとの共通言語を多く持つ
ことはアドバンテージとなっています。

また、スポーツやアウトドアだけなく、
ライフスタイルやファッションなど手掛
ける案件の幅は広がっています。メン
バーが増えていくなかで共通して言える
ことは、僕らがユーティリティプレイヤー
の集団であること。演出、撮影、編集の
全てをこなすメンバーたちが、案件に応
じてチームを組み、役割分担をして制
作しています。それぞれの個性を最大限
に活かしながら、フレキシブルに体制を
組める。これはアウトプットが多様化す
る今の広告業界において重宝されてい
ます。たとえば、イメージ映像を撮影す
る傍らでYouTube番組を収録し、隙間
でSNSのライブ配信をする。そんなフレ
キシビリティが、今日の広告業界では
求められているように思います。

01・ナイキ SB x パラ 'Japan Federation Kit'／株式会社ナイキジャパン／official web

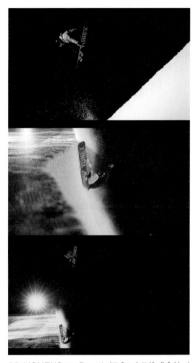

02・White Mountaineering Collection Movie　AW21,SS22,AW22／株式会社ライノ／
パリ・コレクション デジタル配信

03・YONEXSnowBoard／ヨネックス株式会社／
officialweb・SNS

04・NOT A HOTEL PRODUCTS／NOT A HOTEL株式会社／official web

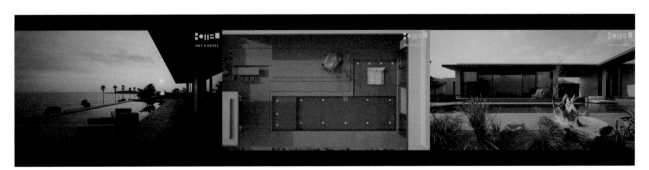

05・NOT A HOTEL AOSHIMA／NOT A HOTEL株式会社 ／official web

01・映像ディレクションおよび撮影、編集を担当。Produce/Motion GraphicsにはCEKAIさん。BGMにはハイファナのKEIZOmachine!さんと
ご一緒し、スケートボードの独創性を表現するお手伝いをさせていただく。02・企画、映像ディレクション。撮影編集を担当。コロナ禍によりパリコ
レがデジタル配信で行うこととなったことから、WMの打ち出すシーズンコンセプトに合うロケーションを探し、ご提案させていただく。これまでに
ないコレクションムービーを目指した。03・制作、ディレクション。撮影編集を担当。世界トップ選手が集うヨネックスチームライダーは圧巻。04・ま
だ建設着工していない予定地で、その地に建てる施設のイメージを語っていただいた。歩きがなら話していただく撮影手法を少ない撮影人員で挑
戦した。05・撮影編集を担当。いわゆる竣工映像とは違い、人が出演しないが情緒を感じる表現に挑戦。

グラフィック

映像

WEB

アプリ

パッケージ

その他

07・EIGHT／株式会社ゴールドウイン／official web・SNS

06・PERTEX® Shield AirSeries／株式会社ゴールドウイン／
SNS

08・a dream of winterland／株式会社ゴールドウイン／official web・SNS

表現者であり続けるために。
自社発信の映像メディア『DENPA』

　2020年に、自社で運営する映像メディア『DENPA by Rightup Inc.』をスタートさせました。映画でも企業VPでも、YouTube番組でもない、独自の映像プラットフォームです。これまでスキーヤーの佐々木明選手やトレイルランナーの山本健一選手のドキュメンタリーを配信し、オンラインにて販売しながら各地で上映会なども実施しました。

　スマートフォンが普及しSNSが日常に浸透して、僕らの日常には映像が溢れています。巷では、再生回数を伸ばしたり、離脱させないための動画制作のノウハウが重要視されるようになりました。そんななかで、僕たちはどのように映像表現の本質と向き合い続けていくのか。それを考えたときに、今の広告表現の中だけでクリエイティブを磨くのでは足りないと感じたんです。まだまだこれからのメディアですが、メンバーのモチベーションやスキルアップに役立てながら、自分たち発信で映像をプレゼンテーションできる場として機能させていきたいと思っています。

09・DENPA by Rightup-inc／自社制作／VIMEO VOD

10・TWIN PEARKS／自社制作／VIMEO VOD

11・TO THE UNKNOWN／自社制作／VIMEO VOD

06・制作、映像ディレクション、撮影編集を担当。無機質、有機質。静と動。相反するものを交互させることで双方を強調させることを目指した。（photo：Yusuke Abe）07・TNFアスリートの挑戦を追ったドキュメンタリー。撮影編集を担当。数日に及ぶ挑戦に帯同しアスリート（Hiroki Shimura）と共に達成の感動を味わった。そうすることでドキュメンタリーのリアリティは表現できる。08・映像ディレクション、撮影編集を担当。「スキーの楽しさ」をアスリート（Akira Sasaki）のキャラクターも生かしてシンプルに表現。09・自社制作の映像制作プラットフォーム。このご時世にあえて販売コンテンツにすることで、表現を通して視聴者とのコミュニケーションを取っていくべく立ち上げた。10・Akira Sasakiのレーサーからビックマウンテンライダーへと進む男のヒューマンドキュメンタリー。勝つ事の意味を考えさせられる。何かに打ち込むものを持っている人に見ていただきたい。11・甲斐国一周を走る挑戦。その距離200マイル。撮影日数連続５日間。目標達成を目指す200マイルの道中で、いくつもの人間ドラマが展開する。コロナ禍のなか、アスリート（Kenichi Yamamoto）として今、自分に何ができるのか模索の日々。

ランニングホームラン
株式会社

CONTACT ADDRESS

📍 〒171-0021 東京都豊島区西池袋2-31-26
📞 03-6881-0929
🌐 https://running-hr.co.jp/
✉ info@running-hr.co.jp（担当：恩田）

COMPANY PROFILE

● 設立　2014年11月1日　● 資本金　1,000万円
● 売上高　1億円（2022年3月決算）
● 代表者　代表取締役　恩田 貴行
● 社員数　8人　● クリエイター数　8人
● 平均年齢　27.3才

● 会社PR　あらゆるチームのポテンシャルを解放する『言葉』をつくり、キレのある『戦略』で逆転劇を生み出すこと。そして、強固なコンセプトを柱とした一貫性あるクリエイティブを提供すること。それが、私たちランニングホームラン社の存在意義です。
しかし、強い言葉やユニークな戦略であれば何でも良いというわけではございません。企業であれば、脈々と流れ続けてきたDNAをひもとく。プロジェクトであれば、その目的と背景、そしてチームメイトの想いをくみ取る。採用プロジェクトでも、事業のリブランディングでも、キャンペーンスローガンの設計でも、私たちのアプローチはいつも同じです。真ん中の真ん中にある本質をたどり、理解したうえで言語化し、戦略を企てること。そのため、可能であれば担当者ヒアリングだけではなく、経営者、現場社員、開発者など、あらゆる人に話を聞かせていただきたいと思っています。そして、受発注の間柄を越えたチームメイトとして、一緒に逆転劇を生み出していければと思っています。
また、本年度より独自のブランディングメソッドである『自走ブランディング』も確立させました。業種問わずあらゆる企業の「内なる価値観」をひもとき、外部に頼りきることなく、自社をブランディングさせていけるメソッドですので、企業・サービス・採用のブランディングにお困りの際は、ぜひご相談ください。

さあ、人生をもっと前へ

10周年スローガン ／ マネーフォワード ／ WEB

象る、磨く、輝かせる。

コーポレートスローガン ／ エレファントストーン ／ 企業ツール

SEA RUBY

コンセプトワード ／ pin & Co. ／ WEB

人にはつくれない国、森の国。

リゾートブランドスローガン ／ サンクレア ／ 各ツール

マネーフォワードはこの10年間、
皆さんと一緒に歩いてきました。
リスペクトを忘れることなく、情報も心もオープンに。
焦らず、曲がらず、くじけず、立ち止まらず。
すべての人が、その人らしく生きられる世の中へ、
あなたとともに、進みます。

さあ、人生をもっと前へ。

01・マネーフォワードのデザイン戦略室と
共につくった10周年スローガン

02・インタビューを重ね、マネーフォワードのカルチャーを
体感＆理解しながら制作を進行

03・スローガン「象る、磨く、輝かせる。」を象徴する
レコードジャケット風の会社案内パンフレット

04・企業が持つ見えざる価値観を導き出す
オリジナルボードゲームを企画・制作

05・CIからスタートし、10周年を機に、
VI及び各企業ツールを刷新

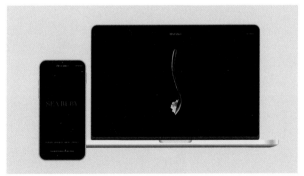

06・グローバル向けの「高級めんたいこ」を、
外国人にもわかりやすく「SEA RUBY」と翻訳

07・日本の最高級品であることを表現するために、
すべての宣材写真をアーティスティックに撮影

08・愛媛県にある滑床渓谷に建つ宿泊施設
『水際のロッジ』のホテル紹介サイト

09・豊かな自然を「見る・触る」だけではなく、「生きるを学ぶ」場としてブランド化。
そのため、すべての宿泊客に「森のルールブック」が配布されます

Logram inc.

CONTACT ADDRESS

🌐 https://logram.co.jp/
✉️ hello@logram.jp

COMPANY PROFILE

● **設立** 2008年2月7日 ● **資本金** 100万円
● **代表者** 代表取締役社長 アナン ケイゴ

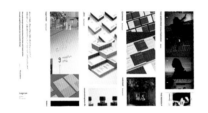

● **会社PR** 私たちは洞察に満ちた分析と記憶に残る
デザインによって、感動を起こし、行動を呼ぶデザイン
コミュニケーションをつくりだします。

ロジックと感性が描くもの。
Logic + Gram = Logram.

私たちはクライアントの経済活動で生じる、あらゆるビ
ジュアル表現をデザインし、そのデザインを通じて、経
営や事業の成長をサポートするデザインスタジオです。
デザイン・ソリューションを提供することで、クライアン
トが持つ課題を共にブレイクスルーしていくことを使命
としています。

デザインが本当のソリューションであるために必要な
ものは、美意識です。単なるロジックに基づいたアウト
プットではなく、高い美意識に支えられたデザインワー
クによって、エンドユーザーに直感的に伝わるだけでな
く、ポジティブな感情を起こすと同時に、行動変容を呼
ぶことを目指しています。

01・cocoro dining／キッコーマン／ブランディング・パッケージ・WEB

02・THE NORTH FACE Unban Exploration／ゴールドウイン／WEB

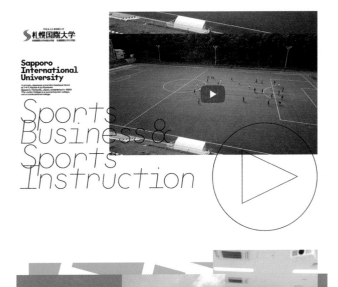

03・ANOTHER SKY／日本テレビ放送網／WEB

04・札幌国際大学スポーツ人間学部プロモーション／札幌国際大学／映像・WEB

05・node hotel／ブランディング・ツール・WEB

06・THE FASHION POST／Weekday／WEB

01・3年をかけたキッコーマンとの新規事業プロジェクト。キッコーマンから生まれた発酵食品のブランド。商品開発、コンセプト、ネーミングから
関わり、ロゴ、パッケージなどのブランド設計を担当。Good Design Award 受賞05・「非日常の贅沢ではなく、暮らしの中でアートを身近に感じら
れるアートコレクターの住まいのようなホテル」をコンセプトに新しくオープンしたnode hotelのブランディング。06・デザインの刷新に伴う実装
のほか、リニューアル時に8,000ページ以上あった既存コンテンツと新規コンテンツとが、入力・編集管理において破綻しないカスタマイズされた
管理画面設計。2019 年 ADC onScreen 受賞

グラフィック

映像

WEB

アプリ

パッケージ

その他

株式会社
y4create

アイデアと熱意の
映像制作会社

私たちがもっているアイデア。そして皆さんのもっているアイデア。ふたつのアイデアが重なり合ったとき、目の前には新たな可能性が生まれます。最初は小さな一歩かもしれません。でも想いはやがて大きな道になるはず。私たちはすべての仕事に、大きな想いと熱意をもって取り組む映像制作会社です。テレビCMを打ちたいとお考えの経営者、広報担当者の方、ミュージックビデオの制作を考えているアーティストの方、ぜひご相談ください。

CONTACT ADDRESS

〒564-0062　大阪府吹田市垂水町 3-35-11
山泉江坂ビル 4 階

06-6155-8110　FAX 06-6155-8111

https://y4create.net

info@y4create.net

COMPANY PROFILE

● **設立**　2016年　● **資本金**　100万円
● **代表者**　山口 洋次
● **社員数**　6人　● **クリエイター数**　6人
● **平均年齢**　30歳

● **会社PR**　映像制作全般に関わる、関西の制作会社。広告映像の制作を主業務に、媒体買い付けなどの広告代理店業務も並行して行っています。

私たちは社員6人全員が演出家であり、映像制作のプロフェッショナルです。映像に付随する各企画に対応できる協力会社とのネットワークもあります。

SNSを含むネットメディアが急速に発展するなか、広告映像の在り方も多様化しています。中小企業の広報宣伝担当者のなかには、時代の流れの速さに戸惑う方も少なくありません。私たちは、単なる映像制作にとどまらず、映像の展開先まで提案することで、問題解決の力になりたいと考えています。

主な業務／企業PR映像作成、CM作成、媒体買い付け。

主な取引先／博報堂、株式会社yogibo、読売テレビエンタープライズ、テレビ大阪、株式会社CDG、株式会社バロック

01・with Yogiboシリーズ／株式会社Yogibo／TVCM、WEB、店頭

02・DONATION IN MOTION／一般財団法人 日本寄付財団 ／WEB・サイネージ

03・Citeブランディングムービー／株式会社ケイトオブ東京／WEB・展示会

04・t8k商品PV／株式会社CDG／WEB・SNS・店頭

05・We'llブランディングムービー／株式会社R6B／WEB

06・Minchanbaby「どこに居ても」MV／Minchanbaby／WEB

07・TORQ株式会社 会社紹介／TORQ株式会社／WEB

08・ターナー色彩株式会社 スクールサイト用動画／株式会社バロック／WEB

09・国立新美術館 PV／国立新美術館／WEB

01・CM撮影、演出、グラフィックを制作担当。02・石野卓球の楽曲に合わせた「繰り返す気持ちよさ」を音・映像で目指した。03・「目元から美しくする」というブランドメッセージから想起したイメージカットと光と影を使い商品を表現。04・メンズコスメのPVとして目をひくようなカラフルでポップなアニメーション映像に。05・「人と社会に心地よく」というコンセプトを表現するためフィールドレコーディングで曲を作り、画の質、ロケーションにこだわった。06・撮影から編集まで一貫して担当。07・企業の会社紹介用動画。インタビューを軸に構成。08・ターナー製品の成り立ちや良さをクリエイター、社員のインタビューを軸に構成。09・新しいタイプの美術館としてさまざまな役割を果たす国立新美術館のPR映像。

Creators' index

現在、活躍中のクリエイターをご紹介いたします。多様なクリエイターの実績とプロフィールがわかる「クリエイターズ・インデックス」。ぜひご活用ください。

`Designer`

山室 智
satoshi yamamuro
designer

📞 03-3524-5280
✉ satoshi_yamamuro@taki.co.jp
🌐 https://www.taki.co.jp/

1992年 神奈川生まれ。グラフィック、ロゴ（CI/VI）、パッケージなどを中心に、チーフデザイナーとして活動。広告制作プロダクションのデザイナーとして多くの大型案件に携わっています。最近ではコンセプト開発、企画と並行して携わることで、アウトプットに本質的な強さを持たせることを心がけています。D&AD 2021 short list／日本タイポグラフィ年鑑入選 他受賞。
趣味：釣り／虫とり

※株式会社たきコーポレーション たき工房については50ページをご覧ください。

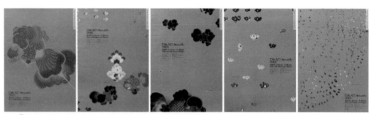

01・「Beautiful Mutations」/ The Ad Museum Tokyo / D&AD Awards 2021 Exhibition
Cannes Lions Awards 2022 / Brand & Communications Design / GOLD
MAD STARS 2022 / Art direction / GOLD

02・「Creativity, Uncaged.」/ The Ad Museum Tokyo / THE ONE SHOW Awards 2019 Exhibition
D&AD 2020 / Poster / Illustration / Yellow Pencil

作品紹介
01・The Ad Museum TokyoでのD&AD展 2021の展示空間ビジュアルを担当。「デザインは、どこからきたのか。」をテーマに会場のデザイン、装飾、ポスター等を制作。02・The Ad Museum TokyoでのTHE ONE SHOW展 2019の展示空間ビジュアルを担当。「まだ見たことのない世界へ」をテーマに会場のデザイン、装飾ポスター等を制作。

`Designer`

河野 楓
kaede kawano
designer

📞 03-3524-5280
✉ kaede_kawano@taki.co.jp
🌐 https://www.taki.co.jp/

1995年 愛知県生まれ。愛知県立芸術大学デザイン科卒業。2018年たき工房入社。グラフィックデザイナーとして広告制作を中心に、キャラクターグッズやパッケージデザインなどを手掛けています。個人作品では樹脂粘土でフィギュアの制作をするなど、日々挑戦中。

※株式会社たきコーポレーション たき工房については50ページをご覧ください。

01・dポイントスーパーチャンス あり5とう祭／株式会社NTTドコモ／ポスター・バナー他

02・dポイント ポインコグッズ／株式会社NTTドコモ／グッズ

03・アシックス FastWalking #前を向いて歩こう／株式会社アシックス／店頭販促ツール・LP他

作品紹介
01・dポイント5周年を記念したキャンペーンGR。キャラクター「ポインコ」の涙ぐんだ写真で、可愛く感謝の気持ちを伝えた。02・dポイント公式キャラクター「ポインコ」のグッズ。バリエーション豊かなグッズ展開で、より多くの方に愛されるキャラクターに。03・歩くことに特化したウォーキングシューズ「ゲルムージー」。ファストウォーキングで、新しい毎日の、新しい歩き方を提案するGRを店頭ツールやLPに展開。

Art Director

高倉健太
kenta takakura
Art Director

📞 03-6804-9392
📠 03-6804-9344
✉ info@glyphinc.co.jp
🌐 www.glyphinc.co.jp

1982年埼玉県生まれ。'07年多摩美術大学卒業。デザイン事務所を経て17年4月GLYPH Inc.設立。広告、CDジャケットデザイン、パッケージデザインなど、ジャンルを問わずさまざまな分野で活躍。

HIROMI GO 2022
50th Anniversary

01・郷ひろみ　50周年ロゴ／株式会社Go's Club／ロゴ

02・掬えば手には／講談社／装丁

作品紹介
01・郷ひろみの50周年記念ロゴ。02・瀬尾まいこ著『掬えば手には』の装丁デザイン。

Designer

山﨑綾子
dig- ayakoyamazaki
デザイナー

📞 03-5790-7523
📠 03-5790-7524
✉ info@dig.co.jp
🌐 https://www.dig.co.jp

1985年栃木県生まれ。株式会社dig所属。デザイナーとして雑誌や書籍、パンフレット、ポスター、コーポレートツール、ロゴなど紙媒体を中心に幅広い分野のデザインに携わっています。仕事は、丁寧であること、正直であること、約束を守ることが大切だと考えています。これまで経験のない分野でも、積極的にチャレンジしていきたいです。

※株式会社digについては54ページをご覧ください。

01・D'URBAN／
オッジ・インターナショナル／
シーズンカタログ

02・今日のタメ口英語／
KADOKAWA／書籍

作品紹介
01・日本を代表する紳士服ブランド「D'URBAN」の2022AWツールを制作し、「スーツ」と「カジュアル」それぞれの魅力を訴求するため、カタログは両表紙の仕様を採用しました。02・「マジで」「ねえちょっと」など、日常で使われている英会話の表現が詰まった英語が苦手な人でも楽しめる一冊です。

OAC
50th
anniversary

誰かがパッと掌をひらいたのなら、掴みやすいようにグッと結んで

誰かがグッと握り拳をしていたら、その拳を包んでともに踏み出して

50という通過点をつながりながら

「みんなで」

広告制作会社が共に歩んで半世紀、

公益社団法人日本広告制作協会（OAC）は、2024年2月に設立50周年を迎えます。

そして次の時代を見つめた、新たな共感を呼び起こす活動を開始します。

『クリエイティブの力で社会に元気を』

会員社の方も会員社でないクリエイターの方も「みんなで」。

公益社団法人
日本広告制作協会

http://www.oac.or.jp

テクノロジーとアートを総合し、新たな価値を生み出す。

アートサイエンス学科
アートエンターテインメント／先端デザイン

7つの専門コースで、社会を変える デザインの力を手にする。

デザイン学科
グラフィックデザインコース／イラストレーションコース／デジタルメディアコース
デジタルアーツコース／プロダクトデザインコース／空間デザインコース／デザインプロデュースコース

実験ドーム 8K映像投影　　白浜での水中撮影授業　　空撮（ドローン）授業

空撮（ドローン）、8K、VR、水中撮影
アドバタイジングフォト（広告写真）。ここでしか追求できない
映像表現の新たな可能性に挑め。

写真学科
ファインアート／プロフェッショナル／映像表現

声優をはじめ、メディア産業の 最前線に立つプロをめざして。

放送学科
制作コース／アナウンスコース／先端メディアコミュニケーションコース／声優コース

世界に誇る日本の特撮技術をはじめ、
時代が求める映像制作の理論と実践、
そのすべてを学び尽くせ。

映像学科
映画／映像／シナリオ／映像学

キャラクター造形学科新校舎

華々しく活躍する卒業生多数！
次はキミがデビューする番だ。

キャラクター造形学科
漫画コース／アニメーションコース／ゲームコース／フィギュアアーツコース

大阪芸術大学

〒585-8555 大阪府南河内郡河南町東山469　　TEL：0721-93-3781（代表）
www.osaka-geidai.ac.jp

| アートサイエンス | 美術 油画／日本画／版画／彫刻 | デザイン グラフィックデザイン／イラストレーション／デジタルメディア／デジタルアーツ／プロダクトデザイン／空間デザイン／
デザインプロデュース | 工芸 金属工芸／陶芸／ガラス工芸／テキスタイル・染織 | 写真 | 建築 | 映像 | キャラクター造形 漫画／アニメーション／ゲーム／フィギュアアーツ | 文芸
放送 制作／アナウンス／先端メディアコミュニケーション／声優 | 芸術計画 | 舞台芸術 演技演出／ミュージカル／舞踊／ポピュラーダンス／舞台美術／舞台音響効果／舞台照明
音楽・音響デザイン／音楽教育 | 演奏 ピアノ／声楽／管弦打／ポピュラー音楽 | 初等芸術教育 |

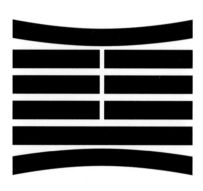

Tama Art University

多摩美術大学

美術学部　絵画学科（日本画専攻・油画専攻・版画専攻）／彫刻学科／工芸学科／グラフィックデザイン学科／生産デザイン学科（プロダクトデザイン専攻・
　　　　テキスタイルデザイン専攻）／環境デザイン学科／情報デザイン学科／芸術学科／統合デザイン学科／演劇舞踊デザイン学科
大学院美術研究科　［博士前期課程］絵画専攻／彫刻専攻／工芸専攻／デザイン専攻／芸術学専攻／演劇舞踊専攻　［博士後期課程］美術専攻
八王子キャンパス　〒192-0394 東京都八王子市鑓水 2-1723 ／ TEL 042-676-8611
上野毛キャンパス　〒158-8558 東京都世田谷区上野毛 3-15-34 ／ TEL 03-3702-1141

www.tamabi.ac.jp

TOKYO ZOKEI UNIVERSITY

〇〇問

「都市の空」と聞いて、あなたは何を発想しますか？

あなたの発想力を評価します。

普通科の高校生にも美大進学の道をひらく、美大でデザインを学びたい人のための試験です。

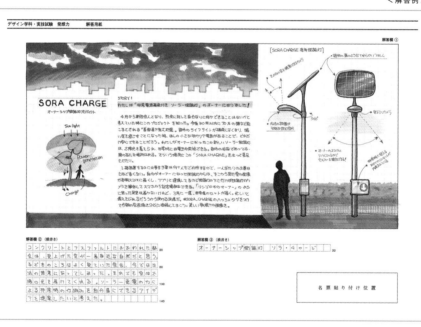

＜解答例＞

東京造形大学 デザイン学科 一般選抜実技試験科目

「発想力」

★一般選抜入試出願期間　2023年1月4日（水）〜 1月13日（金）

Q 東京造形大学　発想力

【デザイン学科】グラフィックデザイン／写真／映画・映像／アニメーション
／メディアデザイン／室内建築／インダストリアルデザイン／テキスタイルデザイン
【美術学科】絵画／彫刻
【大学院】造形研究科造形専攻（修士課程・博士後期課程）

東京造形大学
〒192-0992 東京都八王子市宇津貫町1556
TEL：042-637-8111
https://www.zokei.ac.jp/

TOKYO
DESIGN
ACADEMY

設置学科

| ビジュアルデザイン科 | （3年） | クリエイティブアート科 | （3年） | グラフィックデザイン科 | （2年） | イラストレーション科 | （2年） | マンガ科 | （2年） |
| アニメーション科 | （2年） | インテリアデザイン科 | （2年） | 空間ディスプレイデザイン科 | （2年） | ファッションアクセサリー科 | （2年） | | |

TOKYO DESIGN ACADEMY

学校法人原宿学園
東京デザイン専門学校　〒151-0051 東京都渋谷区千駄ヶ谷 3-62-8
TEL 03-3497-0701　URL https://www.tda.ac.jp

 Instagram 公式アカウント
tokyo_design_academy

紙と出会う場所

見本帖本店・各店では、それぞれ異なるサービスを通してファインペーパーの魅力に触れていただくことができます。
目的に合った見本帖で、お気に入りの一枚をお選びください。

見本帖本店

見本帖本店

11:00-18:00　休／土日祝
〒101-0054　東京都千代田区神田錦町3-18-3
Tel.03-3292-3631（1Fショップ）／03-3292-3669（2F）

青山見本帖

10:00-18:00　休／土日祝
〒150-0002　東京都渋谷区渋谷4-2-5 プレイス青山1F
Tel.03-3409-8931

淀屋橋見本帖

11:00-18:00　休／不定休
〒541-0042　大阪府大阪市中央区今橋4-1-1 淀屋橋odona1F
Tel.06-6232-2240

福岡見本帖

9:00-17:30　休／土日祝
〒812-0042　福岡県福岡市博多区豊1-9-20
Tel.092-411-4531

ウェブストア

takeopaper.com

紙の専門商社 竹尾が運営するウェブストアです。
ファインペーパーのご購入｜ https://takeopaper.com
紙製品のご購入｜ https://products.takeopaper.com

株式会社 竹尾　www.takeo.co.jp
本社／〒101-0054　東京都千代田区神田錦町3-12-6　Tel.03-3292-3611（代表）
国内／大阪支店・名古屋支店・仙台支店・福岡支店・札幌営業所・見本帖本店・青山見本帖・淀屋橋見本帖・福岡見本帖
海外／上海・クアラルンプール・バンコク

TAKEO
paper trading since 1899

表現するすべての人に、
ワクワクを。

もっとしたい表現を叶えるために。

もっとワクワクする創造環境のために。

あなたに合わせてデザインした答えをお届けします。

Tooはコミュニケーションを重ねながら、

ともに新たな価値をつくり、高め合っていく、

クリエイティブパートナーであり続けます。

■ サービス内容

● PC/Mac 導入・運用サポート

● ITサポート保守サービス

● セキュリティ環境構築

● アプリ講習・スキルアップ支援

● カラー出力環境構築

● 3DCG・映像制作システム

● 各種クラウドサービス

● デザイン用品

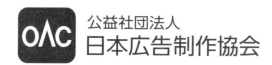

公益社団法人
日本広告制作協会

リアルに、つながりはじめよう
新型コロナウイルスで、働き方も大きく変化。中堅・ベテランには今までの経験があるので、リモートワークもなじみやすいかもしれませんが、若い方には今後のためにリアルでの経験も重ねてほしい。そんな声も聞こえてきた1年。画面越しではなく、実際に会って話すことを求める声が高まってきた1年です。

クリエイティブで日本を元気に！

広告制作会社とクリエイターが元気であればこそ、クリエイティブのチカラで社会に貢献できます。
日本広告制作協会（OAC）では、クリエイティブ・ボランティア活動（クリボラ）を通して、これまでもエイズ撲滅・啓蒙ポスター展や環境保護を訴えるポスター展、そして東日本大震災で被災した岩手県大槌町への支援として、大槌町へ配布するカレンダー制作（地元の子どもたちとのコラボレーション）を震災の翌年より2021年まで行うなど、クリエイティブのチカラを広く社会に浸透させようと努めてまいりました。
2022年もさまざまな活動に取り組みましたので、ご紹介いたします。

『ココロをつなぐ一行タクシー 人と街にエール!!』
2022年夏、東京のタクシーは人と社会を元気にする「110の言葉」を発信しました。

コロナ禍でタクシー業界も大きな打撃を受けるなか、そのタクシーから、コロナ禍での生活を余儀なくされているすべての人にエールを送ろう！多くの方が少しでも笑顔になれて、元気になってもらいたい！そして、それを発信するタクシーの乗務員の方もイキイキしてもらいたい。そんな企画を一般社団法人東京・ハイヤータクシー協会に提案。17文字以内で表現するフレーズは全国から募り、応募総数は1万8173本。2022年は日本でタクシーが営業を開始し110周年。選考するフレーズを110作品、110台のタクシーにラッピングし、夏の東京を走行しました。

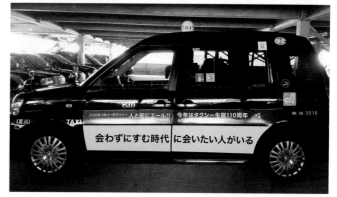

『乗るぞ!三鉄 巡ろう!三陸　三陸鉄道カレンダー2023』制作

三陸鉄道沿線の活性化と震災・台風・コロナと打撃を受けている三陸鉄道自体の支援につながる企画として昨年に続き2度目の実施。コロナ禍で、たとえ今は行けなくても「いつかは三鉄!いつかは三陸!」そんな気分になってもらえるカレンダーになることを目指しました。掲載するイラストは全国から募り、65作品が寄せられました。全作品を掲出した「ギャラリー列車」の運行、そして選考された12作品で構成したカレンダーを販売。観光を主体として沿線の活性化につながることを期待しています。

会うことで、よりクリエイティブに！

OAC ビジネス交流会　雑談ミーティング

2019年を最後に開催を見送っていたOACビジネス交流会。従来は、新会員のプレゼンテーションを中心に実施し、飲食も交えた会合でした。3年ぶりの開催となった2022年は、他社との情報交流も減っている現状を鑑み、まずは多くの方と話せる機会を創出。参加者から事前に寄せられた話し合いたいことをテーマに、和気あいあいとした雰囲気のなか、活発な意見交換が行われました。飲食なしでしたが、話は尽きず、今後につながる会になったと思います。OAC以外の方の参加も3社ほどあり、次回はぜひこれをお読みの方もご参加ください。

経営の勉強会

2020年、2021年とオンラインでの勉強会を実施。しかし「そろそろリアルで」の声を受け、協会事務局での開催とした2022年。リアルだから、話が横道にそれたり、ツッコミを入れたり、すぐ質問したり……。
自由度が高いぶん、ありきたりな受け答えでは終わらない、そんな場になっている気がします。
社員の幸福度を高める・在宅勤務での会社への帰属意識・退職抑止・会社経営の今後など、少し生臭い話もリアルならではなのかもしれません。

若手クリエイターとクリエイティブの未来のために

design surf seminarへの
OAC若手クリエイターの登壇

コロナ禍の3年、賛助会員の株式会社Tooさん主催の、デザインの向こう側を探る3日間『design surf seminar』（オンライン開催）に毎年『クリエイターのワクワクは止まらない』と題して、OAC若手クリエイターに登壇してもらっています。2020年はコロナ禍の働き方や好奇心について、2021年は課題解決について、そして2022年11月は最新技術で未来をクリエイティブと題してお送りしました。

2020年の様子

若手クリエイター向けスキルアップセミナー

「グラフィックデザイナーのための動画セミナー」・「Illustrator & Photoshop - より便利に効率的に」など、若手クリエイターの更なるスキルアップを目指し、オンラインでのセミナーを開催しています。毎回100人を超える方が受講しています。目的は、アイデアや企画の時間を多く捻出するために、最新技術を知りつつ、より効率的な環境を整えること。仕事を作業にしない取り組みです。

教えて先輩！クリエイティブの仕事って面白いの？

デザイナー等、クリエイティブ職を目指す大学生・専門学校生を対象に、賛助会員の株式会社ユウクリさんとオンライン就活セミナーを開催。全国の美術系大学・専門学校より、160人の参加申し込みがありました。登壇者は当協会会員社の若手クリエイター4人。年代の近い方々から、学生時代の就活の様子や、コロナ禍での働き方など、現場での実際をお伝えする機会となりました。

コミュニケーションとデザインの考え方を育むために！

会員クリエイターはもとより、学生や一般の方々にもデザイン思考・クリエイティブの考え方を学んでほしく、さまざまな取り組みをしています。

学生広告クリエイティブアワード【学生対象】

第11回「OAC学生広告クリエイティブアワード」は、課題提供企業に全日本空輸株式会社・株式会社モリサワ・全国浴場組合の3社にご協力いただきました。本原稿を執筆時は、まだ締め切り前ですが、2021年は832作品が寄せられ、2022年も相当数が集まりそうです。アウトプットの表現はもちろんですが、そこに至るまでの「考え方」を学んでほしいと思っています。

アイデアで社会をより良くするコンテスト【学生対象】

こちらも第11回を迎えます。自ら課題を見つけ、その解決策を導き、A3/1枚の用紙にまとめる。この視点が良いのでしょう、全国の多くの学校が授業に取り上げています。2021年は750のアイデアが寄せられました。2022年も11月に応募を開始し、1月末締切にて開催いたします。

想いを伝えるカードデザイン大賞

第6回目を迎えた2022年は、231点の応募がありました。コミュニケーションを考える機会として、読む側のことをもっと理解し、どうしたら相手に想いが届くのか、創りながら考える機会になればと思います。

東京学生広告団体連盟（東広連）への協力

大学の広告研会の団体である東広連とは、同団体の夏季セミナーでの講演や、ワークショップなどを通じ、デザイン・クリエイティブの考え方を伝えています。

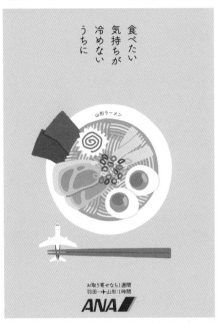

2021年ANAグラフィックグランプリ作品

日本の広告制作会社を元気に

このように、さまざまな活動を行っている日本広告制作協会（OAC）。コロナ禍で広告制作会社にもいろいろな影響が出てはいますが、会員各社が共に前進できるように有益な情報の発信にも努めています。
会員社同士はライバル企業でもありますが、お互いが経営的な相談をし合える環境となっています。
ともすれば悩み事をひとりで抱えがちな経営者も、同業だからこそ相談して解決に結びつくこともあります。また、データミスによる刷り直しや著作権での損害賠償に対応したE＆O保険や、法律相談など万一の場合にも備えています。

OACにご興味を持たれた方はお気軽にご連絡ください。

公益社団法人 日本広告制作協会（OAC）
〒104-0061　東京都中央区銀座1-14-7 銀座吉澤ビル9F
TEL　03-3561-1220
Mail　info@oac.or.jp
Web　http://www.oac.or.jp/
Facebook　https://www.facebook.com/creativeOAC/

公益社団法人日本広告制作協会（OAC）
正会員・賛助会員リスト＋プロダクションガイド2023索引

※社名の右側に記載している数字は、本誌における掲載ページです。
※OACの正会員・賛助会員リストは2022年12月末時点のものです。

正会員

㈱アーツ
㈱アイビーネット
㈲アイル企画 ……………… 020
㈱アクロバット ……………… 022
㈱アジア太平洋観光社
㈱アズワン ……………… 024
アップワード㈱
㈱アド・プランニング研究所
㈱アドブレーン ……………… 026
㈱一星企画
㈱インクポイント
インプレッション㈱
㈱ウィルコミュニケーションデザイン研究所 …… 028
㈱エージー ……………… 030
㈱エー・ティ・エー
㈱エディターシップ
㈱オックス
㈱オフィスバンズ
㈱オンド ……………… 034
㈱ガッシュ
㈱ガット
㈱グラヴ
クリエイティブ コミュニケイションズ㈱レマン …… 036
コアプランニング㈱
㈱サクラアルカス ……………… 040

サン・クリエイティブ㈱ ……………… 042
㈱スキップ
㈱スタジオゲット
㈱スタヂオ・ユニ ……………… 046
㈱スナップ
㈱スパイス ……………… 048
㈱センシュウ・アド・クリエーターズ
㈱創芸社
㈱ソリッド・ブラス
㈱たきコーポレーション たき工房 …… 050
㈱ティ・エー・シー企画 ……………… 052
㈱ティー・ケー・オー
㈱TCD 東京オフィス
㈱ティーディーエス
デザインプール㈱
㈱電通クリエーティブX
㈱東京アドデザイナース ……………… 058
㈱東京グラフィックデザイナーズ …… 060
㈱東京ニュース ……………… 062
㈱東北新社
NISSHAエフエイト㈱
㈱日本デザインセンター
㈱2055 ……………… 066
㈱ノエ ……………… 068
㈱ノブレ
㈲バウ広告事務所 ……………… 070

㈱ハウラー
㈱博報堂プロダクツ ……………… 072
㈱ハドル
㈱樋口事務所
㈱広瀬企画 ……………… 078
フェロールーム㈱ ……………… 080
㈱プランテーション
㈲ブレインカフェ
㈱プロモーションズライト ……………… 082
㈱BabyTokyo
㈱ホシ・デザイン
㈱読広クリエイティブスタジオ

賛助会員

アダムシナプス
㈱アド・テクニカ
㈲イメージ・プラネット
エイクエント・エルエルシー
㈱ADKクリエイティブ・ワン
㈱エスケイワード
大阪芸術大学 ……………… 105
OCA大阪デザイン＆ITテクノロジー専門学校
㈱大塚商会
㈱オリコム
キヤノンマーケティングジャパン㈱
㈱ケイプラン

㈱光画

㈱ジェイスリー

ジェイプリント㈱

㈱シュガー

㈱ショウエイ

女子美術大学

㈱スカイアーチネットワークス

㈱スタジオテック

㈱精美堂

㈱宣伝会議

㈱セントラルプロフィックス

㈱第一製版

㈱竹尾 ……………………… 110

多摩美術大学 ……………… 106

タンデムクロス㈱

㈱デザインオフィス・キャン

㈱電通

㈱電通クリエーティブキューブ

㈱Too ……………………… 111

東京グラフィックコミュニケーションズ工業組合

東京工科大学 ……………… 107

東京コミュニケーションアート専門学校

東京造形大学 ……………… 108

東京デザイン専門学校 ……… 109

㈱トラック ………………… 064

㈱日広社

㈱日庄

㈱日東装備

日本工学院八王子専門学校

日本デザイナー学院

日本デザイン福祉専門学校

日本電子専門学校

野口会計法務事務所

㈱博報堂

㈱パルック

㈱二葉企画

㈱ボーンデジタル

町田デザイン&建築専門学校

マルキンアド㈱ ……………… 084

武蔵野美術大学

㈱メディアネットワーク

㈱モスデザイン研究所 ……… 088

㈱モリサワ

㈱山崎デザイン事務所

山脇美術専門学校

㈱ユウクリ

㈱ライトアップ

RX Japan㈱

㈱玲企画

その他掲載企業

㈱アイビーエムエイ …………… 018

fp design ㈱ ………………… 032

㈲サイレン ……………………… 038

㈱シーズ広告制作会社 ………… 044

㈱dig …………………………… 054

㈱テオトリー・アーテ ………… 056

㈱バックストリート …………… 074

㈱ヒルズ ………………………… 076

㈱むすび ………………………… 086

㈱YAOデザインインターナショナル … 090

㈱ライトアップ ………………… 092

ランニングホームラン㈱ ……… 096

Logram inc. …………………… 098

㈱y4create …………………… 100

㈱マスメディアン ……………… 表2

広告制作プロダクションガイド 2023

Creator

ブレーン×OAC

2023年1月1日　初版第1刷発行
定価　2,090円（本体1,900円＋税）

発行所　株式会社宣伝会議
発行人　東 彦弥

［東京本社］
〒107-8550　東京都港区南青山3-11-13
新青山東急ビル9F
TEL：03-3475-3010（代表）
［関西本部］
〒530-0003　大阪市北区堂島2-1-31
京阪堂島ビル5F
TEL：06-6347-8900（代表）
［中部本部］
〒461-0005　名古屋市東区東桜1-13-3
NHK名古屋放送センタービル6F
TEL：052-952-0311（代表）
［九州本部］
〒810-0001　福岡市中央区天神2-14-8
福岡天神センタービル7F
TEL：092-731-3331（代表）
［北海道本部］
〒060-0001　札幌市中央区北一条西4-1-2
J&Sりそなビル6F
TEL：011-222-6600（代表）

編集協力
ツー・ファイブ

表紙デザイン
佐藤暢美（ツー・ファイブ）

刊行協力企業・学校一覧
大阪芸術大学／株式会社竹尾／多摩美術大学／株式会社Too／
東京工科大学／学校法人桑沢学園 東京造形大学／
学校法人原宿学園 東京デザイン専門学校

監修
公益社団法人 日本広告制作協会（OAC）